# Inhalt

# Anhang

## Arbeitsanleitung

Die **Systematische Begleitgrammatik** verfolgt zwei Ziele:

1. Sie **begleitet die Stoffdurchnahme** in den einzelnen Lektionen des Text- und Übungsbandes.
2. Zugleich bietet sie den **Grammatikstoff in einem überschaubaren System** an.

Zu diesem Zweck sind die 20 Lektionen des Lehrwerkes, die den Grammatikstoff bieten, zu **vier Blöcken (I, II, III, IV)** zusammengefasst. In ihnen ist der jeweils in **5 Lektionen** behandelte Stoff in eine systematische Ordnung gebracht, und zwar aufgeteilt in drei Bereiche:

**A Lehre vom Wort**
**B Lehre vom Satz**
**C Lehre vom Text**

Das Besondere an diesem Darstellungsprinzip ist, dass der zu einer Lektion gehörende Grammatikstoff (Formenlehre, Syntax) innerhalb des jeweiligen Blocks an der entsprechenden Stelle des Systems zu finden ist. Die zu einer Lektion gehörenden Stoffteile sind durch Markierungen in der Kopfzeile und am Rand jeder Seite gekennzeichnet. Dadurch wird von Anfang an das System der Grammatik verdeutlicht und die Einzelerscheinungen können sofort als Teile einer größeren umfassenden Einheit begriffen werden. Dies erleichtert das Lernen.

**A Die Lehre vom Wort** bietet in Kurzfassung die **Formenlehre**. Dabei wird zunächst die Bildung der Formen des Verbs und des Nomens erklärt und dann ihr **Ordnungssystem** (Konjugation/Deklination) in übersichtlichen Lernkästen vorgestellt.

**B Die Lehre vom Satz** zeigt die **Elemente des Satzaufbaus** in kurzen Sätzen und erklärt sie. Sie werden dann im **Ordnungsrahmen eines Satzmodells** veranschaulicht. Dadurch wird begreifbar, welche **Aufgabe im Satz (syntaktische Funktion)** eine sprachliche Erscheinung hat.

**C Die Lehre vom Text** stellt in einfacher Weise einige wichtige Bedingungen dar, unter denen durch die **Kombination von Sätzen ein Text** zustande kommt, also ein **Textzusammenhang** hergestellt wird. Sie beschreibt die **verschiedenen Textsorten** und verdeutlicht **typisch lateinische Möglichkeiten** der Satzabfolge, von denen Texte bestimmt sein können.

Die **Systematische Begleitgrammatik** enthält eine **Einführung** in die deutsche und lateinische Grammatik und ihre Begrifflichkeit und stellt vom Deutschen her die Ordnungsraster des Satzaufbaus (Satzmodell) sowie des Textzusammenhangs (Textkohärenz) vor.

Der **Anhang** bringt Tabellen zur Formenlehre des Nomens und des Verbs, Stammformenlisten sowie Übersichten über Präpositionen und alle wichtigen syntaktischen Funktionen und Füllungsarten.

Die **Systematische Begleitgrammatik** ist einerseits ein auf das Lehrbuch hin ausgerichtetes **grammatisches Einführungs- und Arbeitsbuch**, andererseits ist sie aber auch als **Nachschlagewerk** für die häusliche Arbeit und für Wiederholungen gedacht.

Die **Nachschlagearbeit** wird zusätzlich durch ein ausführliches Inhaltsverzeichnis am Anfang und durch ein Sachverzeichnis am Ende erleichtert.

## Einführung

Latein war – auch nach dem Untergang des Römischen Reiches – vom Mittelalter bis in die Neuzeit „die internationale Sprache“ der gelehrten Welt. Die am Lateinischen entwickelte Lehre von der Sprache, die Grammatik, dient noch heute dazu, viele „lebende“ Sprachen zu beschreiben, und die lateinische Sprache liefert die Begriffe dazu.
Die **Grammatik** beschäftigt sich mit dem **Wort**, mit dem **Satz** und mit dem **Text**; sprachliche Äußerungen entstehen nämlich im Allgemeinen dadurch, dass einzelne Wörter beim Sprechen oder Schreiben nach bestimmten Regeln zu Sätzen zusammengefügt und diese wiederum durch bestimmte Elemente zu Texten „verbunden“ werden.

### Wort

In der lateinischen Sprache gibt es veränderliche und unveränderliche Wörter. Veränderlich sind Nomina und Verben, unveränderlich sind Partikeln.
Das Verändern von Nomina nennt man **deklinieren**, das Verändern von Verben **konjugieren**.
Im Einzelnen unterscheidet man folgende **Wortarten**:

W **1 Veränderliche Wörter**

**1.1 Deklinierbare Wörter**

| | | *Latein* | *Deutsch* |
|---|---|---|---|
| Substantiv | Namen-/Hauptwort | pater | Vater |
| Adjektiv | Eigenschaftswort | longus | lang |
| Artikel | Geschlechtswort | – | der/die/das<br>ein/eine/ein(es) |
| Pronomen | Fürwort | eum | ihn |
| Numerale | Zahlwort | duo | zwei |

**1.2 Konjugierbare Wörter**

| | | | |
|---|---|---|---|
| Verb | Tätigkeits-/Zeitwort | salūtāre | (be)grüßen |

W **2 Unveränderliche Wörter**

| | | | |
|---|---|---|---|
| Präposition | Verhältniswort | ex | aus |
| Adverb | Umstandswort | hodiē | heute |
| Konjunktion | beiordnendes Bindewort | et | und |
| Subjunktion | unterordnendes Bindewort | sī | wenn |
| Interjektion | Ausrufewort | ā! | ach! ah! |
| Negation | Verneinungswort | nōn | nicht |

## Zum Bau der veränderlichen Wörter

**Nomen** und **Verb** bestehen aus je zwei Bestandteilen, dem **Bedeutungsteil** und dem **Signalteil**.
Am **Bedeutungsteil** erkennt man, was das Wort **bedeutet**.
Am **Signalteil** erkennt man, in welche verschiedenen Richtungen das Wort in einem Satz **wirkt**:

1. Beim **Nomen** erkennt man am **Kasus-Zeichen** den **Kasus** (Fall: **Nominativ/Genitiv/Dativ/ Akkusativ/Ablativ**) und den **Numerus** (Zahl: **Singular/ Plural**).

| **Bedeutungsteil** | **Signalteil** | | |
|---|---|---|---|
| | Kenn-vokal | *Binde-vokal* | Kasus-Zeichen |
| amīc | ō | | s |
| amōr | | *e* | m |

2. Beim **Verb** erkennt man
am **Person-Zeichen** die **Person** und den **Numerus** (Zahl: **Singular/Plural**) sowie das **Genus verbi (Aktiv/Passiv)**,
am **Tempus-Zeichen** das **Tempus** (Zeit),
am **Modus-Zeichen** den **Modus** (Aussageweise).

| **Bedeutungsteil** | **Signalteil** | | | | |
|---|---|---|---|---|---|
| | Kenn-vokal | *Binde-vokal* | Modus-Zeichen | Tempus-Zeichen | Person-Zeichen |
| am | a | | | | t |
| leg | | *i* | | | t |
| am | ā | | | ba | t |
| leg | | *e* | rē | | tur |

Der **Signalteil** beginnt in der Regel mit einem **Vokal**, der die Zugehörigkeit zu einer bestimmten Konjugationsklasse anzeigt (**Kennvokal**) oder zur Erleichterung der Aussprache dient (**Bindevokal**).

## Satz

Die verschiedenen Wortarten werden innerhalb des **Satzes** dazu verwendet, eine Aussage zu formulieren. Sie erfüllen im „Bau des Satzes" eine **syntaktische[1] Funktion** (Aufgabe), und zwar als:

1. **Subjekt** (Satzgegenstand)
2. **Prädikat** (Satzaussage)
3. **Objekt** (Satzergänzung)
4. **Adverbiale** (Umstandsbestimmung)
5. **Attribut** (Beifügung)

### Satzmodell

Der **lateinische Satz** zeichnet sich durch eine klare Struktur aus. In ihm gibt es streng voneinander zu unterscheidende **Positionen**, die wir in einem *Satzmodell* veranschaulichen können; an diesem wird zugleich das Wesen des Satzes, wie er sich in vielen anderen Sprachen darstellt, deutlich. Dies ist umso eher möglich, als das Lateinische nicht mehr gesprochen wird und sich die Merkmale seines Satzbaus nicht mehr verändern können.

1) Die Lehre vom Satz wird als *Syntax* bezeichnet.

**S1** Alle sprachlichen Erscheinungen, die uns begegnen werden, lassen sich an einer der im Satzmodell aufgezeichneten **fünf Positionen** einordnen, wo sie den **Gesamtsinn des Satzes mitbestimmen**. Diese Positionen sind nicht starr festgelegt, sondern, je nach Betonung und Absicht des Sprechenden, **vertauschbar**. Das Satzmodell soll helfen stets die Übersicht über das im Grammatikunterricht Gelernte zu behalten und beim Übersetzen aus dem Lateinischen alle Einzelerscheinungen im Blick auf das Gesamtgefüge eines Satzes zu erfassen.

**S2** *Satzmodell:*

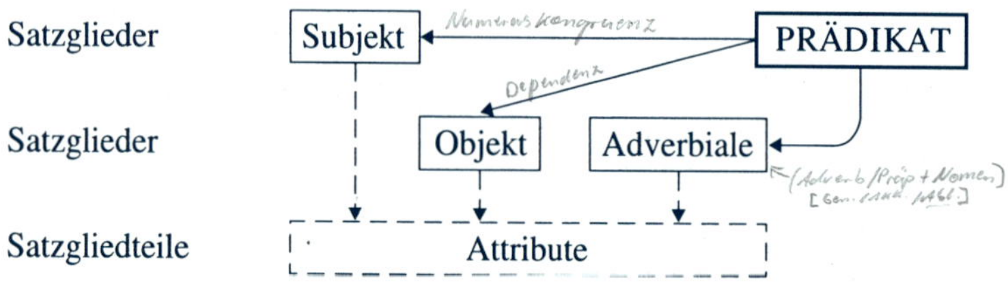


Diese fünf Positionen können in einem Satz durch **unterschiedliche Wortarten** und **Wortverbindungen gefüllt** sein; diese **erfüllen** dann die jeweilige **syntaktische Funktion**.

**Satzglieder: Subjekt – Prädikat**

Jeder Satz enthält eine Aussage über einen bestimmten Sachverhalt.
Nach den Baugesetzen der lateinischen wie der deutschen Sprache wirken hierzu als **„Grundpfeiler“** des Satzes in der Regel **zwei Wörter** von verschiedener Art zusammen:

**S3** Ein **Nomen** als **Subjekt**.
Dieses Nomen kann sein ein:

| | |
|---|---|
| *Substantiv* | *Pronomen* |
| *Adjektiv* | *Numerale* |

**S4** Ein **Verb** als Träger des **Prädikats**.

**S5** **Subjekt** und **Prädikat** bilden oft schon allein einen **vollständigen Satz** mit einer sinnvollen Aussage; dies hängt von der **Valenz** (Wertigkeit) des Verbs ab, d.h. von seiner Fähigkeit bestimmte Satzpositionen zu eröffnen. Der Satz besteht dann aus **zwei Satzgliedern**.

Quintus ← wartet.
Flavia ← klatscht.

### Satzglieder: Objekt – Adverbiale

In den meisten Fällen treten zum „einfachen“ Satz (Subjekt – Prädikat) ergänzende Satzglieder hinzu.

**S6** Viele **Verben** erfordern, wenn sie als Prädikat im Satz verwendet werden, aufgrund ihrer Bedeutung eine **Ergänzung**; erst dann wird die Aussage des Satzes vollständig.

① Quintus sieht → Flavia.
② Quintus beobachtet → das Rennen.
③ Flavia sitzt → im Circus Maximus.
④ Flavia spricht → laut.

Solche Ergänzungen können also sein:
① ② das **Objekt** (oft ein Nomen),
③ ④ das **Adverbiale** (meist eine präpositionale Verbindung oder ein Adverb).

**S7** Oft erscheinen die Satzglieder Objekt und Adverbiale gemeinsam im Satz.

Quintus sieht → Flavia im Circus Maximus.

### Erweiterungen durch Satzgliedteile: Attribute

**S8** Zu den Satzgliedern können **Erweiterungen** treten, die zwar das, was der Sprechende im jeweiligen Satz ausdrücken will, entscheidend mitbestimmen, aber nicht als tragende Elemente des Satzes auftreten. Sie sind den Satzgliedern nur beigefügt: **Attribute**.

Der *verliebte* Quintus sieht die *hübsche* Flavia in der Hauptrennbahn *der Stadt.*

*Satzmodell:*

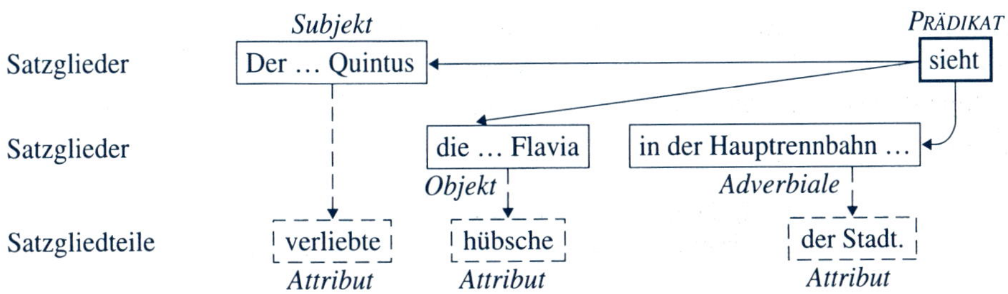

## Text

Sätze sind in der Regel miteinander zu einem Text verbunden.
Diese innere Verbundenheit nennt man den **„Zusammenhang“** (die **Kohärenz**) des Textes.

**T1** Der Zusammenhang des Textes wird durch verschiedene sprachliche Elemente erreicht.
*Textbeispiel:*

Quintus **sitzt** im Circus Maximus. Dort **findet** heute wieder ein Wagenrennen **statt.** Diese Rennen **beginnen** immer am frühen Morgen. Schon **zieht** der Kaiser in einer feierlichen Prozession **ein;** in ihr **werden** die Bilder der großen Götter **mitgetragen** wie die von Jupiter, Juno, Apollo, Diana und Ceres.

Quintus **wartet** voller Spannung. Das letzte Mal hat sich sein Freund Rufus als Wagenlenker am Rennen beteiligt. Er ist in der Arena sechsmal als Erster um die Wendemarken gestürmt. Doch dann ist das rechte Wagenrad gebrochen. Eine andere Mannschaft hat gesiegt und das hohe Preisgeld bekommen.

„Hoffentlich **hat** mein Freund heute nicht wieder so ein Pech!“, **denkt** Quintus. Plötzlich **sieht** er Flavia, in die er sich damals verliebt hat. Auch sie **will** das Schauspiel erleben. Quintus' freudige Erregung **nimmt zu.** Da **kommen** die vier Mannschaften in die Arena ...

**T2** In diesem Text sind die Wörter, die den **Zusammenhang** (die **Kohärenz**) bewirken, jeweils verschieden markiert.

Solche textaufbauende Elemente sind besonders:

1. **Konnektoren** („Satzverbinder“): Wörter, vor allem Konjunktionen, Adverbien, Pronomina, die die Sätze in eine innere, (vor allem) logische Verbindung zueinander bringen:
   dort (1), diese (2), schon, in ihr (3), er (7), doch dann (9), plötzlich (12), auch (13), da (14);

2. **Personen-Verteilung**: Personen, die an dem im Text erfassten Geschehen beteiligt sind und durch deren Rolle und wechselseitige Einwirkung die Handlung vorangetrieben wird:

   Quintus (1), Quintus (6), Rufus (7), Quintus (12), Flavia (12), Quintus (13);

3. **Zeiten-Verwendung**: die verwendeten Zeiten (Tempora), die dem dargestellten Geschehen ein bestimmtes Gepräge geben, wobei ein **Geschehensvordergrund** (hier: Präsens) und ein **Geschehenshintergrund** (hier: Perfekt) unterschieden werden:

   **sitzt** (1), **findet ... statt** (1/2), **beginnen** (2), **zieht ... ein** (3), **werden ... mitgetragen** (4), **wartet** (6), hat sich ... beteiligt (6/7), ist ... gestürmt (7/8), ist ... gebrochen (9), hat gesiegt ..., bekommen (10), **hat, denkt** (11), **sieht** (12), sich ... verliebt hat (12/13), **will** (13), **nimmt zu, kommen** (14);

4. **Sach- oder Bedeutungsfelder**: Wörter und Wendungen, die zu einem einheitlichen Bedeutungsbereich gehören und aufgrund ihres Vorherrschens – oft als **Leitwörter** oder **Leitbegriffe** – das Thema des Textes bestimmen:

   Circus Maximus (1), Wagenrennen (2), feierlichen Prozession (3), Wagenlenker, Rennen (7), Arena, Wendemarken (8), Wagenrad, Mannschaft, Preisgeld (9/10), Schauspiel (13), Mannschaften, Arena (14);

5. **Verweiswörter**: Wörter (Nomina, Pronomina, Wortgruppen), die auf Erwähntes oder Kommendes verweisen:
   Dort (1), diese (2), in ihr (3), sein Freund (6/7), er (7), in die, damals (12), sie (13).

# A Lehre vom Wort

## 1 Verb 1

### 1.1 Bestandteile des Verbs

Das lateinische Verb besteht aus einem **Bedeutungsteil** und einem **Signalteil**.

| | **Konjugations-klassen** | | **Bedeu-tungs-teil** | **Signalteil** Kenn-vokal | *Binde-vokal* | Person-Zeichen |
|---|---|---|---|---|---|---|
| amat | Vokalische Konjugationen | ā | am | a | | t |
| rīdet | | ē | rīd | e | | t |
| audit | | ī | aud | i | | t |
| plaudit | Konsonantische Konjugarion | | plaud | | *i* | t |
| est | Hilfsverb | | es | | | t |
| | | | Präsens-Stamm | Präsens-Stamm | | |

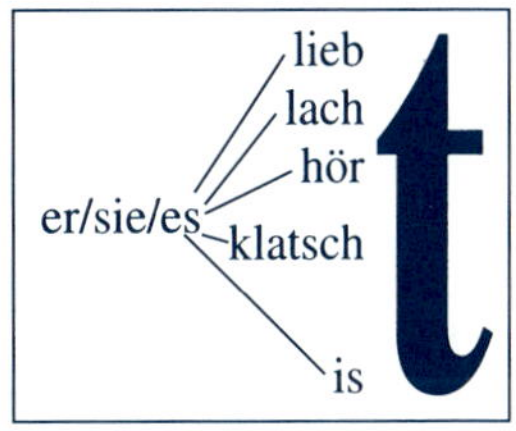


Der **Signalteil** besteht aus dem **Person-Zeichen** und anderen Elementen.
Es gibt zwei Arten von Verben:

- **Verben**, bei denen zwischen dem Bedeutungsteil und dem Person-Zeichen ein sog. **Kennvokal** steht, gehören zu einer der **Vokalischen Konjugationen**.
- **Verben**, die **keinen Kennvokal** aufweisen, gehören zur **Konsonantischen Konjugation**.
  Zur Erleichterung der Aussprache ist hier zwischen dem Bedeutungsteil und dem Person-Zeichen meist ein sog. ***Bindevokal*** eingefügt.

Der **Bedeutungsteil** (ggf. mit Kennvokal) wird auch **Präsens-Stamm** genannt.

**a)** Am **Bedeutungsteil** erkennt man die **lexikalische Bedeutung** des Verbs, z. B. *am- …*: *lieb- …* 2

**b)** Durch den **Signalteil** sind **Person, Numerus, Tempus, Modus** und **Genus verbi** angezeigt („signalisiert“).
Am **Person-Zeichen** erkennt man die **Person (1./2./3.)** sowie den **Numerus (Singular / Plural)**.
Das **Person-Zeichen** stellt selten den **ganzen Signalteil** dar, sondern in der Regel nur das **Ende des Signalteils**.

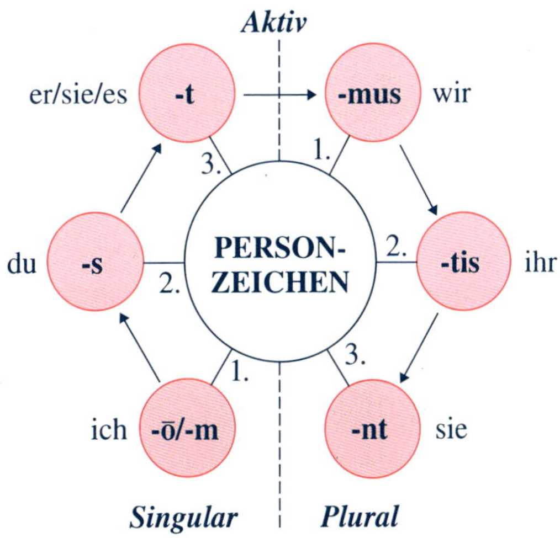

2

## 1.2 Erscheinungsformen des Verbs

### a) Indikativ Präsens Aktiv

Den **Indikativ** (Wirklichkeitsform) **Präsens Aktiv** erkennt man daran, dass der Signalteil meist nur aus dem **Kennvokal/*Bindevokal*** und dem **Person-Zeichen** (z. B. -eō, -ēs, -et, -ēmus, -ētis, -ent) besteht.

| | |
|---|---|
| rīd- | **e-ō** |
| | **ē-s** |
| | **e-t** |
| | **é-mus** |
| | **é-tis** |
| | **e-nt** |

| | | |
|---|---|---|
| ich | lach- | e |
| du | | st |
| er / sie / es | | t |
| wir | | en |
| ihr | | t |
| sie | | en |

| |
|---|
| s-***um*** |
| es |
| es-**t** |
| s-***umus*** |
| es-**tis** |
| s-***unt*** |

| | |
|---|---|
| ich | bin |
| du | bist |
| er/sie/es | ist |
| wir | sind |
| ihr | seid |
| sie | sind |

▸ **Konjugationsschema**

| | | Lateinisch | | | | | Deutsch | | | | | |
|---|---|---|---|---|---|---|---|---|---|---|---|---|
| | | **ā-Konj.** | **ē-Konj.** | **ī-Konj.** | **Kons. Konj.** | ***esse*** | | | | | | |
| Singular | 1. P. | am**ō** | rīde**ō** | audi**ō** | plaud**ō** | ***sum*** | **ich** | liebe | lache | höre | klatsche | bin |
| | 2. P. | am**ās** | rīd**ēs** | aud**īs** | plaud*is* | es | **du** | liebst | lachst | hörst | klatschst | bist |
| | 3. P. | am**at** | rīd**et** | aud**it** | plaud*it* | est | **er/ sie/ es** | liebt | lacht | hört | klatscht | ist |
| Plural | 1. P. | am**āmus** | rīd**ēmus** | aud**īmus** | plaúd*imus* | ***sumus*** | **wir** | lieben | lachen | hören | klatschen | sind |
| | 2. P. | am**ātis** | rīd**ētis** | aud**ītis** | plaúd*itis* | estis | **ihr** | liebt | lacht | hört | klatscht | seid |
| | 3. P. | am**ant** | rīd**ent** | aúd*iunt* | plaud*unt* | ***sunt*** | **sie** | lieben | lachen | hören | klatschen | sind |

Erläuterungen: amō < *ama-o; *-u-*, *-i-*: Bindevokale; es < *es-s

### b) Infinitiv Präsens Aktiv

Den **Infinitiv** (Nennform) **Präsens Aktiv** erkennt man am **Infinitiv-Zeichen -re**.

| | | Bedeutungsteil | Signalteil: Kenn-vokal | *Binde-vokal* | Infinitiv-Zeichen | |
|---|---|---|---|---|---|---|
| amāre | Vokalische Konjugationen – ā | am | ā | | **re** | lieb**en** |
| rīdēre | – ē | rīd | ē | | **re** | lach**en** |
| audīre | – ī | aud | ī | | **re** | hör**en** |
| plaúdere | Konsonantische Konjugarion | plaúd | | *e* | **re** | klatsch**en** |
| esse | Hilfsverb | es | | | **se** | sein |

3

### c) Imperativ Präsens

Den **Imperativ** (Befehlsform) **Präsens** erkennt man an folgenden Signalen:

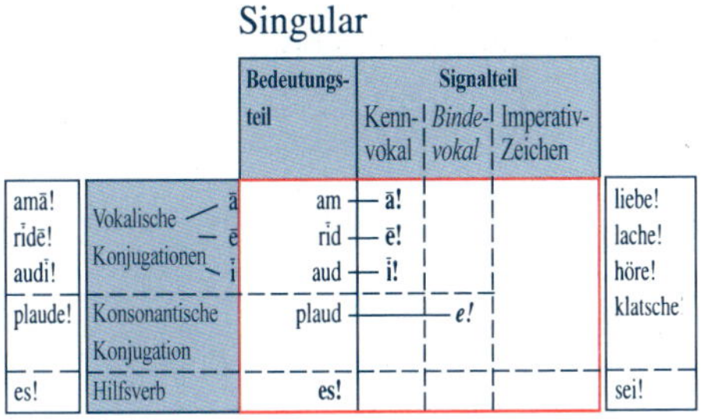


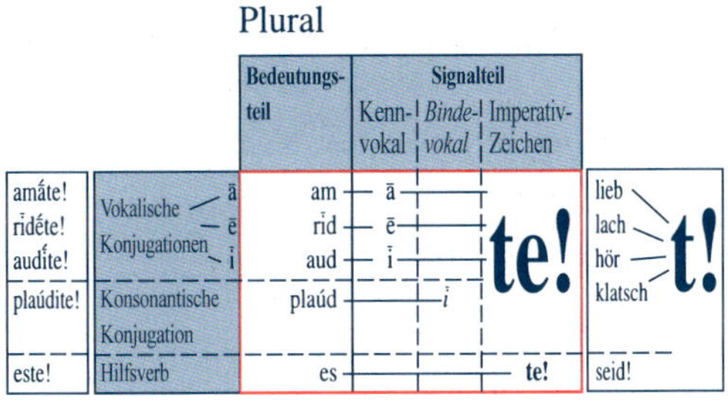


Der **Imperativ** steht in der Regel am **Satzanfang**.

5

### d) Indikativ Imperfekt Aktiv

Den **Indikativ Imperfekt Aktiv** erkennt man am **Tempus-Zeichen -ba-**, das in den **Signalteil** des Verbs eingefügt ist.

| | | | | | | |
|---|---|---|---|---|---|---|
| rīd- | ē-**ba**-m | ich | lach- | te | er- | **a**-m | ich war |
| | ē-**bā**-s | du | | test | | **ā**-s | du warst |
| | ē-**ba**-t | er/sie/es | | te | | **a**-t | er/sie/es war |
| | ē-**bā́**-mus | wir | | ten | | **ā́**-mus | wir waren |
| | ē-**bā́**-tis | ihr | | tet | | **ā́**-tis | ihr wart |
| | ē-**ba**-nt | sie | | ten | | **a**-nt | sie waren |

*Schema aller Konjugationen* ↗ *Tab.* $VI_{1.1}$, *S. 77*

### e) Indikativ Perfekt Aktiv

Der **Bedeutungsteil** des Verbs ist im **Perfekt Aktiv meist verändert.** Dieser **veränderte Bedeutungsteil** wird **Perfekt-Aktiv-Stamm** genannt.

Den **Indikativ Perfekt Aktiv** erkennt man an den **Perfekt-Signalen**, die an den **Perfekt-Aktiv-Stamm** angefügt sind.

| | | | |
|---|---|---|---|
| amāv- | **ī** | ich habe | geliebt |
| | **ístī** | du hast | |
| | **it** | er/sie/es hat | |
| | **imus** | wir haben | |
| | **ístis** | ihr habt | |
| | **ḗrunt** | sie haben | |

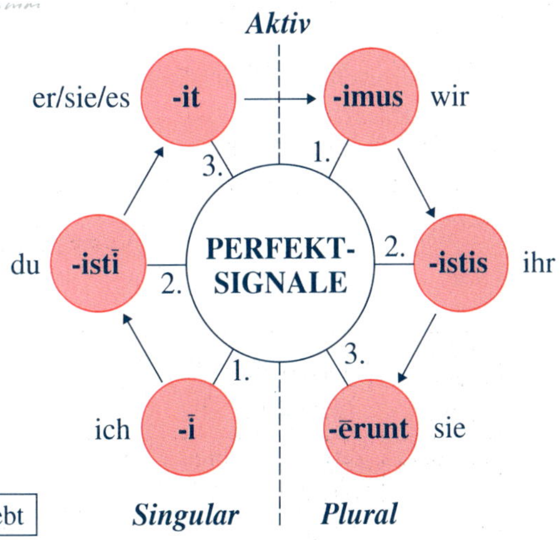


Im **Indikativ Perfekt Aktiv** sind **Tempus-Zeichen** und **Person-Zeichen** zu einer **Einheit** verschmolzen.

5

S. 123, im Buch

| | Infinitiv Präsens | Veränderung durch | Bedeutungsteil | Signalteil | |
|---|---|---|---|---|---|
| amāvī | amāre | **-v-** | amāv | ī | habe geliebt/liebte |
| tacuī | tacēre | **-u-** | tacu | ī | habe geschwiegen/schwieg |
| mīsī | mittere | **-s-** | mīs | ī | habe geschickt/schickte |
| cucurrī | cúrrere | **Reduplikation** (Verdoppelung) | cucurr | ī | bin gelaufen/lief |
| vēnī | venīre | **Dehnung** | vēn | ī | bin gekommen/kam |
| dēscendī | dēscéndere | **(unverändert)** | dēscend | ī | bin herabgestiegen/stieg herab |
| fuī | | | fu | ī | ich bin gewesen/war |
| | | | Perfekt-Aktiv-Stamm | | |

(ich + Übersetzung)

dehnt den Stamm

S. 81–84 Heft

*Zur Verwendung des Perfekts im Unterschied zum Imperfekt ↗ II C 2, S. 41 f.*

### f) Infinitiv Perfekt Aktiv

| | Bedeutungsteil | Signalteil | |
|---|---|---|---|
| amāvisse | amāv | isse | geliebt (zu) haben |
| cucurrisse | cucurr | isse | gelaufen (zu) sein |
| fuisse | fu | isse | gewesen (zu) sein |
| | Perfekt-Aktiv-Stamm | | |

## 2 Nomen

1

### 2.1 Bestandteile des Nomens

Das **lateinische Nomen** besteht aus einem **Bedeutungsteil** und einem **Signalteil**. Am **Akkusativ Plural** lässt sich dies deutlich zeigen.

| | Deklinationsklassen | Bedeutungsteil | Signalteil: Kennvokal | Signalteil: *Bindevokal* | Signalteil: Kasus-Zeichen | |
|---|---|---|---|---|---|---|
| deās | Vokalische Deklinationen – ā | de | ā | | s | (die) Göttinnen |
| populōs | Vokalische Deklinationen – ō | popul | ō | | s | (die) Völker |
| imperātōrēs | Konsonantische Deklination | imperātōr | | *ē* | s | (die) Kaiser |
| hominēs | Konsonantische Deklination | homin | | *ē* | s | (die) Menschen |
| patrēs | Konsonantische Deklination | patr | | *ē* | s | (die) Väter |

Der **Signalteil** besteht aus dem **Kasus-Zeichen** und anderen Elementen.

Es gibt zwei Arten von **Nomina**:

- **Nomina**, bei denen zwischen dem Bedeutungsteil und dem Kasus-Zeichen ein sog. **Kennvokal** steht, gehören zu einer der **Vokalischen Deklinationen**.
- **Nomina**, die **keinen Kennvokal** aufweisen, gehören zur **Konsonantischen Deklination**.
  Zur Erleichterung der Aussprache ist hier zwischen dem Bedeutungsteil und dem Kasus-Zeichen meist ein sog. ***Bindevokal*** eingefügt.

## 2.2 Informationen aus den Bestandteilen des Nomens

**a)** Am **Bedeutungsteil** erkennt man die **lexikalische Bedeutung** des Nomens, z. B. *popul-*: Volk; *homin-*: Mensch.

**b)** Durch den **Signalteil** sind **Kasus (Nominativ/Genitiv/Dativ/Akkusativ/Ablativ)**, **Numerus (Singular/Plural)** und oft auch **Genus (Maskulinum/Femininum/Neutrum)** angezeigt („signalisiert").

▸ **Orientierungshilfe**

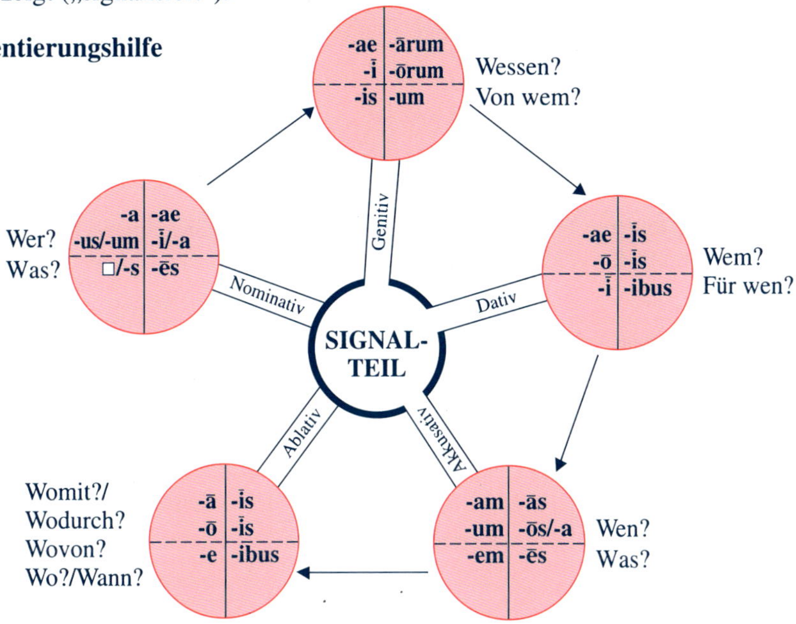


Mehrdeutige Signalteile sind:

| | | | |
|---|---|---|---|
| -a: | **N./Abl. Sg.** der ā-Dekl.<br>**N./Akk. Pl.** des Neutr. der o-Dekl. | turb**a**/pūgn**ā**<br>templ**a** | die Menge/im Kampf<br>(die) Tempel (N./Akk.) |
| -ae: | **G./D. Sg.** der ā-Dekl.<br>**N. Pl.** der ā-Dekl. | turb**ae**<br>pūgn**ae** | der Menge (G./D.)<br>(die) Kämpfe |
| -um: | **N./Akk. Sg.** des Neutr. der o-Dekl.<br>**Akk. Sg.** des Mask. der o-Dekl. | templ**um**<br>de**um** | der Tempel/den Tempel<br>(den) Gott |
| | **G. Pl.** der Kons. Dekl. | homin**um** | der Menschen |
| -o: | **D./Abl. Sg.** der o-Dekl. | gladi**ō** | dem Schwert/mit dem Schwert |
| -i: | **N. Pl.** des Mask. der o-Dekl.<br>**G. Sg.** der o-Dekl. | de**ī**<br>de**ī**<br>spectācul**ī** | (die) Götter<br>des Gottes<br>des Schauspiels |
| | **D. Sg.** der Kons. Dekl. | homin**ī** | dem Menschen |
| -is: | **D./Abl. Pl.** der ā-/o-Dekl. | pūgn**īs**<br>gladi**īs**<br><br>spectācul**īs** | den Kämpfen/durch (die) Kämpfe<br>den Schwertern/mit (den) Schwertern<br>den Schauspielen/während der Schauspiele |
| | **G. Sg.** der Kons. Dekl. | homin**is** | des Menschen |
| -es: | **N./Akk. Pl.** des Mask./Fem. der Kons. Dekl. | homin**ēs** | (die) Menschen (N./Akk.) |
| -ibus: | **D./Abl. Pl.** der Kons. Dekl. | mōr**ibus** | den Sitten/durch (die) Sitten |

## 2.3 Erscheinungsformen des Nomens

### a) Substantiv

**Substantive** haben meist ein bestimmtes **Geschlecht**: **Maskulinum, Femininum** oder **Neutrum**.

| | | | |
|---|---|---|---|
| de- | **us** | der/ein | Gott |
| | **ī** | des/eines | Gottes |
| | **ō** | dem/einem | Gott |
| | **um** | den/einen | Gott |
| (*dē*) | **ō** | *über* den/einen | Gott |
| | | *von* dem/einem | Gott |

| | | | |
|---|---|---|---|
| imperātōr- | **ēs** | die | Kaiser |
| | **um** | der | Kaiser |
| | **ibus** | den | Kaisern |
| | **ēs** | die | Kaiser |
| (*dē*) | **ibus** | *über* die | Kaiser |
| | | *von* den | Kaisern |

▸ **Deklinationsschema**

| | | ā-Deklination | o-Deklination | | Konsonantische Deklination | |
|---|---|---|---|---|---|---|
| | | Femininum | Maskulinum | Neutrum | Maskulinum | |
| Singular | N. | de**a** | de**us** | for**um** | imperātor | homō |
| | G. | de**ae** | de**ī** | for**ī** | imperātōr**is** | homin**is** |
| | D. | de**ae** | de**ō** | for**ō** | imperātōr**ī** | homin**ī** |
| | Akk. | de**am** | de**um** | for**um** | imperātōr**em** | homin**em** |
| | Abl. | (*cum*) de**ā** | (*dē*) de**ō** | (*in*) for**ō** | (*ab*) imperātōr**e** | (*ab*) homin**e** |
| Plural | N. | de**ae** | de**ī** | for**a** | imperātōr**ēs** | homin**ēs** |
| | G. | de**ārum** | de**ōrum** | for**ōrum** | imperātōr**um** | homin**um** |
| | D. | de**īs** | de**īs** | for**īs** | imperātōr**ibus** | homin**ibus** |
| | Akk. | de**ās** | de**ōs** | for**a** | imperātōr**ēs** | homin**ēs** |
| | Abl. | (*cum*) de**īs** | (*dē*) de**īs** | (*in*) for**īs** | (*ab*) imperātōr**ibus** | (*ab*) homin**ibus** |

– Die **Substantive** haben eine **Anredeform**, den **Vokativ**; er entspricht in der Regel dem **Nominativ**. Nur die Substantive auf **-us** haben im Singular einen besonders gebildeten Vokativ, z. B. *Heus, Quīnte!* „Hallo, Quintus!" – *Avē, amīce!* „Sei gegrüßt, mein Freund!"
– Der **Signalteil** ist bei den Nomina des **Neutrums** im **Nominativ** und **Akkusativ** immer **gleich**.

### b) Adjektiv

**Adjektive** erscheinen in **drei Genera: Maskulinum/Femininum/Neutrum**.
Meist sind sie zu einem **Substantiv** in Beziehung gesetzt, mit dem sie in **Kasus, Numerus** und **Genus (KNG)** übereinstimmen: **KNG-Kongruenz**.

▸ **Adjektivgruppe I**

Viele Adjektive weisen den **Signalteil** der **Substantive der ā-/o-Deklination** auf: **-us/-a/-um**. Man zählt diese Adjektive zur **Adjektivgruppe I**.
**Beziehung zwischen Substantiv und Adjektiv:**

| | | | |
|---|---|---|---|
| ① popul**us** laet**us** ein fröhliches Volk | turb**a** laet**a** eine fröhliche Menge | spectācul**um** laet**um** ein fröhliches Schauspiel | de**ī** laet**ī** fröhliche Götter |
| *Aber:* ② clām*or* laet**us** ein fröhliches Geschrei | | | *Aber:* homin*ēs* laet**ī** fröhliche Menschen |

**-us**
**-a**
**-um**
Adjektivgruppe I

▸ **Deklinationsschema**

| | | | | | |
|---|---|---|---|---|---|
| homō | laet**us** | ein fröhlicher Mensch | hominēs | laetī | fröhliche Menschen |
| homin**is** | laet**ī** | eines fröhlichen Menschen | homin**um** | laet**ōrum** | fröhlicher Menschen |
| homin**ī** | laet**ō** | einem fröhlichen Menschen | homin**ibus** | laet**īs** | fröhlichen Menschen |
| homin**em** | laet**um** | einen fröhlichen Menschen | homin**ēs** | laet**ōs** | fröhliche Menschen |
| *cum* homin**e** | laet**ō** | *mit* einem fröhlichen Menschen | *cum* homin**ibus** | laet**īs** | *mit* fröhlichen Menschen |

*Deklinationsschemata ↗ Tab. $I_{2.1}$, S. 71*

Der **Plural einiger Adjektive** kann **substantivisch** gebraucht sein:

| | | | | | |
|---|---|---|---|---|---|
| **cēterī** | die Übrigen, anderen | **cunctī** | alle | **multī** | viele |
| **cētera** | das Übrige, andere | **cuncta** | alles | **multa** | vieles |

c) **Pronomen**

▸ **Personal-Pronomen der 1. und 2. Person**

| | Singular | | Plural | | Sngular | | Plural | |
|---|---|---|---|---|---|---|---|---|
| | 1. P | 2. P. | 1. P. | 2. P. | 1. P. | 2. P. | 1. P. | 2. P. |
| N. | ego | tū | nōs | vōs | ich | du | wir | ihr |
| (G. | meī | tuī | nostrī | vestrī | meiner | deiner | unser | euer) |
| D. | mihī | tibī | nōbīs | vōbīs | mir | dir | uns | euch |
| Akk. | mē | tē | nōs | vōs | mich | dich | uns | euch |
| Abl. | *dē* mē<br>mē*cum* | *dē* tē<br>tē*cum* | *dē* nōbīs<br>nōbīs*cum* | *dē* vōbīs<br>vōbīs*cum* | *über* mich<br>*mit* mir | *über* dich<br>*mit* dir | *über* uns<br>*mit* uns | *über* euch<br>*mit* euch |

Die Präposition *cum* wird an den Ablativ des Personal-Pronomens angehängt, z. B. *mēcum, vōbīscum.*

▸ **Possessiv-Pronomen**

| Singular | | | Plural | | |
|---|---|---|---|---|---|
| 1. P | 2. P. | 3. P. | 1. P. | 2. P. | 3. P. |
| meus/mea/<br>meum<br>*usw.* | tuus/tua/<br>tuum<br>*usw.*<br>*(↗ 2.3b)* | suus/sua/<br>suum<br>*usw.* | noster/nostra/<br>nostrum<br>*usw.* | vester/vestra/<br>vestrum<br>*usw.*<br>*(↗ II A 2.1)* | suus/sua/<br>suum<br>*usw.*<br>*(↗ 2.3b)* |

Das Possessiv-Pronomen stimmt – wie ein Adjektiv – mit dem Wort, auf das es sich bezieht, in Kasus, Numerus und Genus überein (**KNG-Kongruenz**):

| | | | |
|---|---|---|---|
| amīcus meus | mein Freund | patrem tuum | deinen Vater |

Das **Possessiv-Pronomen** kann im Singular und Plural **substantivisch** gebraucht sein:

| | | | | | | | |
|---|---|---|---|---|---|---|---|
| **mea,** | das Meine, | **nostrī,** | die Unseren, | **suum,** | das Seine | **suōs** | seine Leute |
| **meōrum** | mein Besitz | **nostrōrum** | unsere Leute | **suī** | | (laudat) | (lobt er) |

▸ **Interrogativ-Pronomen QUIS?/QUID?**

| | Maskulinum/Femininum | | Neutrum | |
|---|---|---|---|---|
| N. | quis? | wer? | quid? | was? |
| G. | cuius? | wessen? | | |
| D. | cui? | wem? | | |
| Akk. | quem? | wen? | quid? | was? |
| Abl. | *dē* quō?<br>quō*cum*? | *über* wen?<br>*mit* wem? | | |

# B Lehre vom Satz

1 Die **zentrale Funktion** in einem Satz erfüllt das **Prädikat**. Dieses verlangt nach Ergänzungen, damit der Satz syntaktisch vollständig wird: nach den **Satzgliedern Subjekt, Objekt, Adverbiale**. Nicht immer sind alle Satzglieder notwendig. Das **Attribut** ist als **Satzgliedteil** nicht vom Prädikat gefordert.

## 1 Funktion der Satzglieder und der Satzgliedteile

Die Funktion der Satzglieder und der Satzgliedteile lässt sich in einem **graphischen Satzmodell** darstellen.

### 1.1 Subjekt – PRÄDIKAT

① Populus clāmat. Das Volk schreit.

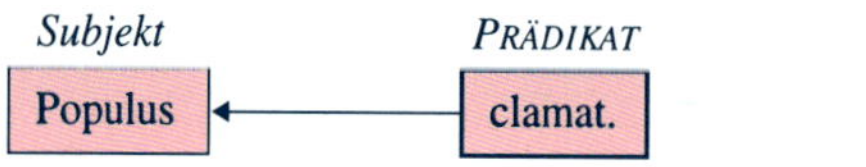


② Clāmat. Es schreit.

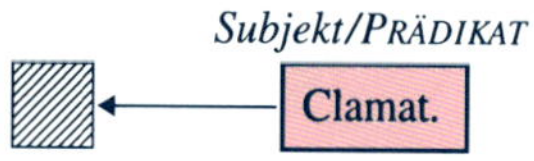


**Subjekt** und **Prädikat** stimmen immer im **Numerus** überein: **Kongruenz** ①.
Im Lateinischen kann das **Subjekt** im **Prädikat** mit ausgedrückt sein ②.

### 1.2 Subjekt – Objekt(e) – PRÄDIKAT

① Imperātor populō spectāculum prōmittit. Der Kaiser verspricht dem Volk ein Schauspiel.
② Populus dē spectāculō rīdet. Das Volk lacht über das Schauspiel.

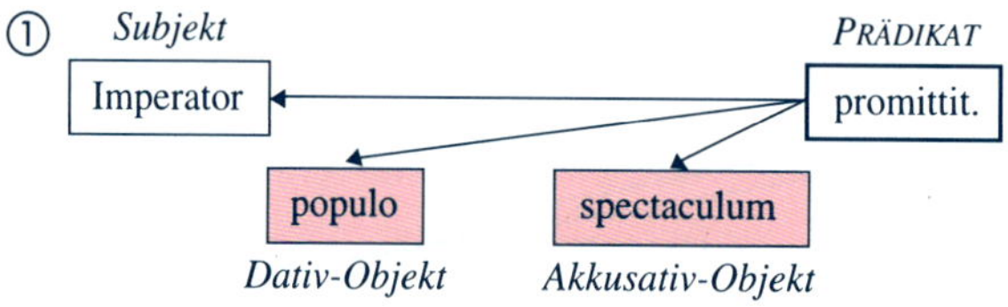


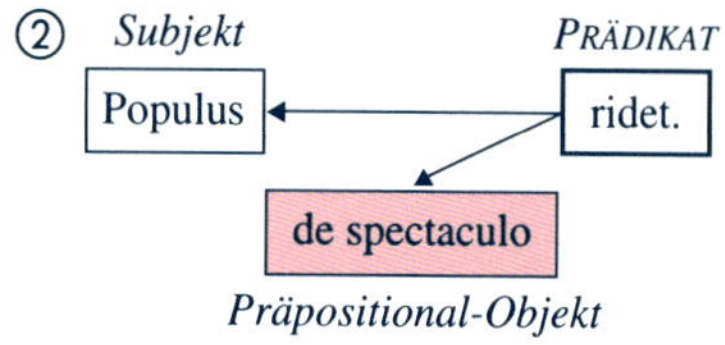


### 1.3 Subjekt – Adverbiale – PRÄDIKAT

Populus nunc plaudit. Das Volk klatscht nun Beifall.

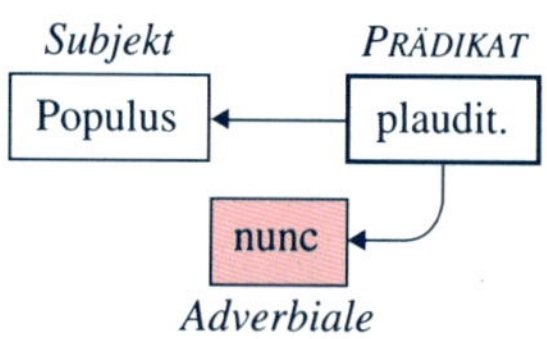


### 1.4 Subjekt – Objekt – Adverbiale – PRÄDIKAT

Turba imperātōrem nunc salūtat. Die Menge begrüßt nun den Kaiser.

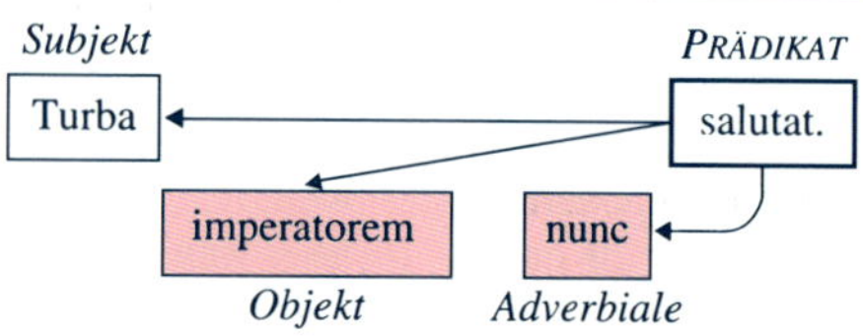

## 1.5 Subjekt – Attribut – PRÄDIKAT

| | |
|---|---|
| Māgnum spectāculum placet. | Das großartige Schauspiel gefällt. |

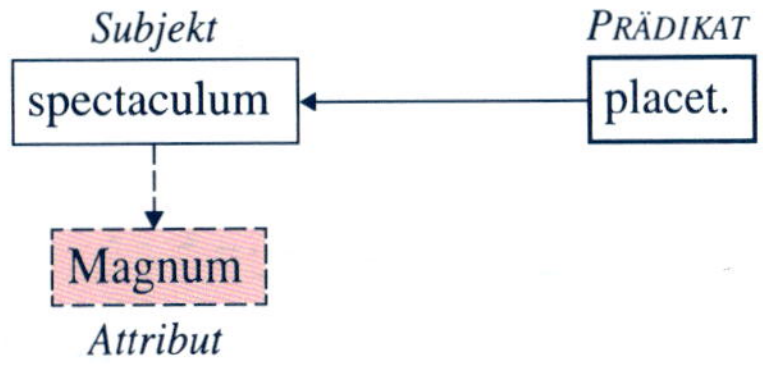


## 1.6 Subjekt – PRÄDIKAT (Prädikatsnomen + Copula)

| | |
|---|---|
| Spectāculum māgnum est. | Das Schauspiel ist großartig. |

Wenn das **Prädikat** aus dem **Prädikatsnomen** und der **Copula *esse*** zusammengesetzt ist, stimmt das **Prädikatsnomen** mit dem **Subjekt** in **Kasus, Numerus** und **Genus** überein: **Kongruenz**.

## 1.7 Subjekt – Praedicativum – PRÄDIKAT

### a) Adjektiv als Praedicativum

Hominēs laetī plaudunt.
① Die fröhlichen Menschen klatschen Beifall.
② Die Menschen klatschen fröhlich Beifall.

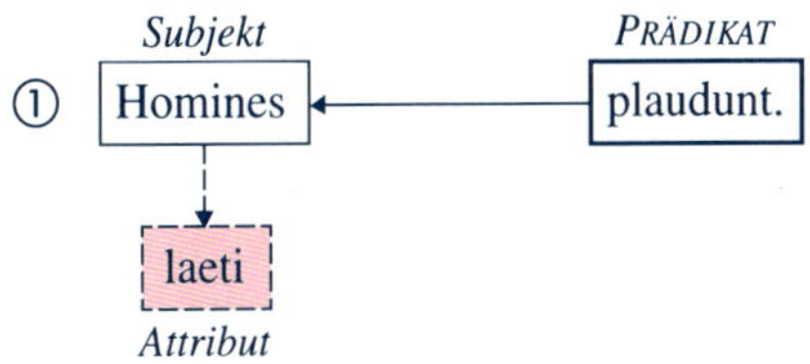


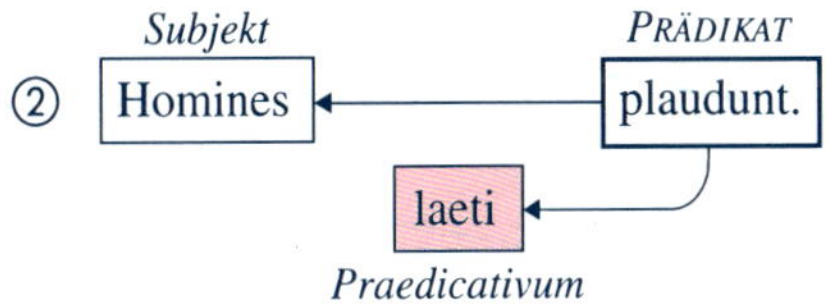


Manche Adjektive können die Aussage des Prädikats näher bestimmen, sie sind dann nicht **Attribut** ①, sondern – wegen ihrer „Nähe" zum Prädikat – „**Praedicativum**" ②:
– Es stimmt nach der Form in **Kasus, Numerus** und **Genus** mit dem Wort, auf das es sich bezieht, überein; meist ist es das **Subjekt**;
– es erfüllt die **syntaktische Funktion** des **Adverbiales** (sinnentsprechend: *laetī*: wobei / während sie in fröhlicher Stimmung sind).

Ob jeweils Attribut oder Praedicativum vorliegt, ist nur aus dem Textzusammenhang (Kontext) zu entscheiden.

### b) Substantiv als Praedicativum

| | |
|---|---|
| **Homō** inter hominēs vīvō. | **Als Mensch** lebe ich unter Menschen. |

## 2 Kasuslehre

4 **2.1** Der **Genitiv** ist häufig als **Attribut zu einem Substantiv** gestellt. Er drückt in der Regel eine **Zugehörigkeit** aus. Frage: WESSEN?

| | |
|---|---|
| īra **deōrum** | der Zorn **der Götter** |
| misericordia **hominis** | das Mitleid **eines Menschen** |
| **Cuius** fīlius es? | **Wessen** Sohn bist du? |

**2.2** Der **Dativ** ist meist als **Objekt nach intransitiven Verben** verwendet. Oft drückt er aus, wem zum **Vorteil** oder **Nachteil** etwas geschieht. Frage: WEM?/FÜR WEN?

| | |
|---|---|
| Servī **dominae** nōn pārent. | Die Diener gehorchen **der Herrin** nicht. |
| Quid **hominibus** molestum est? | Was ist **für (die) Menschen** lästig? |

1 **2.3** Der **Akkusativ** ist in der Regel als **Objekt nach transitiven Verben** verwendet. Frage: WEN?/WAS?

| | |
|---|---|
| Imperātor **spectāculum** prōmittit. | Der Kaiser verspricht **ein Schauspiel.** |
| Turba **deōs et deās** salūtat. | Die Menge grüßt **die Götter und Göttinnen.** |

2 In Verbindung mit der Präposition ***in*** drückt der **Akkusativ** die **Richtung** aus. Frage: WOHIN?

| | |
|---|---|
| Hominēs **in forum** veniunt. | Die Menschen kommen **auf das Forum.** |

2 3 **2.4** Der **Ablativ**, ein Kasus, der im Deutschen keine Entsprechung hat, weist **drei Grundfunktionen** auf, und zwar sowohl in **Verbindung mit einer Präposition** als auch als **bloßer Ablativ**.

| | INSTRUMENTALIS<br>Mittel/Begleitung | SEPARATIVUS<br>Trennung | PUNCTUALIS<br>Ort[1]/Zeit |
|---|---|---|---|
| mit Präposition | **māgnō *cum* animō** studēre<br>sich ***mit* großer Begeisterung** einsetzen | ***ex* templō** venīre<br>***aus* dem Tempel** kommen | ***prō* basilicā** sedēre<br>***vor* der Basilika** sitzen |
| bloßer Ablativ | **gladiō** petere<br>***mit* dem Schwert** angreifen<br><br>**victōriā** gaudēre<br>sich ***über* den Sieg** freuen | **timōre** vacāre<br>***von* Furcht** frei sein<br><br>**Colossēō** cēdere<br>***aus* dem Kolosseum** weggehen | **cunctīs locīs**<br>***an* allen Orten**<br><br>**lūdīs**<br>***während* der Spiele** |
| Fragen | WOMIT? / WODURCH? | WOVON? / WOHER? | WO? / WANN? |

1) Bei einigen Ortsnamen gibt es eine Sonderform: **Lokativ**, z. B. *Rōmae*: in Rom.

# C Lehre vom Text

## 1 Der Zusammenhang des Textes (↗ S. 14)

Sätze sind in der Regel miteinander zu einem Text verbunden. Diese innere Verbundenheit nennt man **„Zusammenhang" (Kohärenz)** des Textes. Der Zusammenhang des Textes wird durch **verschiedene Elemente** erreicht.

*Textbeispiel:*

Mārcus per thermās ambulā**bat** et amīcōs suōs quaerē**bat**; nam ibī multī hominēs **erant**. Neque tamen inter tot hominēs ūnus ex amīcīs **erat**. Subitō Titum in bibliothēcā vīd**it**. Statim amīcum māgnō cum gaudiō salūtāv**it** et rogāv**it**: „Vīdistīne amīcōs cēterōs in thermīs? Cūr nōn vīdistī? Tū quidem semper hīc sedēs!" Iam Mārcus molestus **erat**. Itaque Titus īrā nōn iam vacā**bat**. Neque amīcō gaudē**bat**. Tandem amīcum reprehend**it**, deōs vocāv**it**, clāmāv**it**: „Ego semper lēgī, dum hīc sedeō! Ego, ō deī, hominēs nōn vīdī!"

**Elemente der Textkohärenz**

1. **Konnektoren**: Wörter (vor allem Konjunktionen, Adverbien), die die Sätze in eine innere, meist logische Verbindung zueinander bringen:
   nam (1), neque tamen (2), subitō, statim (3), iam, itaque (5), neque, tandem (6);
2. **Personen-Verteilung**: Personen, die an dem im Text erfassten Geschehen beteiligt sind und durch deren Rolle sowie wechselseitige Einwirkung die Handlung vorangetrieben wird:
   Mārcus (1), Titum (3), Mārcus, Titus (5);
3. **Zeiten-Verwendung**: die verwendeten Zeiten (Tempora), die dem dargestellten Geschehen ein bestimmtes Gepräge geben, wobei ein **Geschehenshintergrund** (meist Imperfekt) und ein **Geschehensvordergrund** (meist Perfekt) unterschieden werden:
   ambulā**bat**, quaerē**bat** (1), **erant** (2), **erat** ↔ vīdit (3), salūtāvit, rogāvit (4) ↔ **erat** (5), vacā**bat**, gaudē**bat** ↔ reprehendit, vocāvit (6), clāmāvit (7);
4. **Sach- oder Bedeutungsfelder**: Wörter und Wendungen, die zu einem einheitlichen Bedeutungsbereich gehören und aufgrund ihres Vorherrschens – oft als **Leitwörter** oder **Leitbegriffe** – das Thema des Textes bestimmen:
   per thermās, amīcōs suōs quaerēbat (1), ūnus ex amīcīs (2), amīcum salūtāvit (3/4), Vīdistīne amīcōs cēterōs?, in thermīs (4), amīcō gaudēbat (6), hominēs nōn vīdī (7);
5. **Verweiswörter**: Wörter (Nomina, Pronomina, Wortgruppen u. a.), die auf Erwähntes verweisen:
   ibī → per thermās (1), inter tot hominēs (2), hominēs ... vīdī (7) → multī hominēs (2), amīcum → Titum (3), hīc (5) → in thermīs (4), Mārcus (5) → Mārcus (1), Titus (5) → Titum (3), amīcō, amīcum (6) → Mārcus (5).

## 2 Sätze als Teile des Textes

**2.1** Innerhalb eines Textes können die Sätze auf gleicher Stufe **aneinander gereiht** sein: **Satzreihe**.

**a)** Die Verbindung ist in der Regel durch **beiordnende Bindewörter (Konjunktionen)** hergestellt, z. B.: *Mārcus ... ambulābat* ***et*** *... quaerēbat;* ***nam*** *ibī multī ... erant.*

[ ] **et** [ ]; **nam** [ ]

1/5 Solche **Konjunktionen** sind z. B.:

| | | | |
|---|---|---|---|
| **et** und, auch<br>**-que** und<br>**quoque** auch<br>**neque** und nicht, aber nicht<br>**neque – neque** weder – noch | **sed** aber<br>**autem** aber, jedoch<br>**tamen** dennoch | **nam** denn<br>**enim** denn, nämlich | **itaque** deshalb<br>**igitur** also, folglich, daher |
| verbindend | entgegensetzend | begründend | folgernd |

3 **b)** Gelegentlich stehen ganze Sätze oder auch einzelne Prädikate **unverbunden** nebeneinander, z. B.: *Tandem reprehendit, ... vocāvit, clāmāvit.*

**2.2** Innerhalb eines Textes können die Sätze auch **einander untergeordnet** sein: **Satzgefüge**, z. B.: *Ego semper lēgī, dum hīc sedeō.*

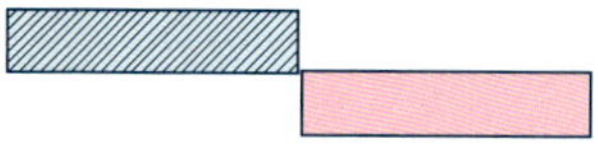

Solche **unterordnenden Bindewörter (Subjunktionen)** sind z. B.:

| | | | |
|---|---|---|---|
| **dum** während<br>**cum** als<br>**postquam** nachdem | **ubī** wo | **ut** wie | **nisī** wenn nicht<br>**quamquam** obwohl, obgleich<br>**quod** weil |
| Zeit | Ort | Art und Weise | Grund |

1/5

## 3 Satzarten im Text

In jedem Text begegnen **verschiedene Arten von Sätzen**, je nachdem, welche Mitteilungsabsicht besteht.

**3.1** **Aussagesätze** enthalten Aussagen, Feststellungen, Erklärungen u. Ä.; sie begegnen meist in einer Erzählung, in einem Bericht oder in einer Erörterung, z. B.: *Mārcus per thermās ambulābat et amīcōs suōs quaerēbat* (1).

**3.2** **Ausrufesätze** enthalten einen Ausruf des Ärgers, der Verwunderung, der Freude; sie begegnen meist in Gesprächen, Briefen o. Ä., z. B.: *„Ego, ō dei, hominēs nōn vīdī!“* (7)

2 **3.3** **Fragesätze** enthalten eine Frage nach einer Person, Sache oder Ursache; sie begegnen meist in einem Gespräch (das auch in eine Erzählung eingefügt sein kann), in einem Brief, in einer Rede, z. B.: *„Vīdistīne amīcōs cēterōs in thermīs? Cūr nōn vīdistī?“* (4 f.)

**Fragesätze** werden durch **Fragepronomina**, **Frageadverbien** oder **Fragepartikeln** eingeleitet:

a) **Fragepronomina** sind: **quis?** wer?, **quid?** was?

b) **Frageadverbien** sind: **ubī?** wo?, **quō?** wohin?, **unde?** woher?, **cūr?** warum?

c) **Fragepartikeln** sind:

| | | Erwartete Antwort: |
|---|---|---|
| **Nōnne** vīdistī amīcōs? | Hast du **nicht** die Freunde gesehen? | ja |
| **Num** vīdistī amīcos? | Hast du **etwa** die Freunde gesehen? | nein |
| Vīdistī**ne** amīcōs? | Hast du die Freunde gesehen? | ja/nein |

# A Lehre vom Wort

## 1 Verb

### 1.1 Indikativ Perfekt Passiv

1

Den **Indikativ Perfekt Passiv** erkennt man an den Formen des **Partizip Perfekt Passiv (PPP)** auf **-t-us/-a/-um** oder **-s-us/-a/-um** (↗ II A 2.7, S. 35) in Verbindung mit den Formen des **Indikativ Präsens** von ***esse*** **(sum/es/est** ...), z. B.:

| | | | | |
|---|---|---|---|---|
| | sum | ich | bin | |
| | es | du | bist | |
| amātus/-a(/-um) | est | er/sie/es | ist | geliebt worden |
| amātī/-ae(/-a) | sumus | wir | sind | |
| | estis | ihr | seid | |
| | sunt | sie | sind | |

*Zur Verwendung und Übersetzung ↗ II C 2.2, S. 42*

| | | | |
|---|---|---|---|
| amā**tus/-a sum** | **ich bin** geliebt **worden** | relic**tus/-a sum** | **ich bin** verlassen **worden** |
| audī**tus/-a sum** | **ich bin** gehört **worden** | mis**sus/-a sum** | **ich bin** geschickt **worden** |
| rī**sus/-a sum** | **ich bin** verlacht **worden** | pul**sus/-a sum** | **ich bin** vertrieben **worden** |
| cap**tus/-a sum** | **ich bin** ergriffen **worden** | rap**tus/-a sum** | **ich bin** geraubt **worden** |

*Schema aller Konjugationen ↗ Tab. $VI_{2.2}$, S. 80; zum Urheber beim Passiv ↗ II B 4.3, S. 40*

### 1.2 Infinitiv Perfekt Passiv

9

| | Bedeutungsteil | Signalteil | |
|---|---|---|---|
| amātum/-am/-um esse | amāt | **um/-am/-um esse** | geliebt worden (zu) sein |
| missum/-am/-um esse | miss | | geschickt worden (zu) sein |
| captum/-am/-um esse | capt | | ergriffen worden (zu) sein |
| | PPP-Stamm | | |

*Zur Bildung des PPP-Stammes ↗ II A 2.7, S. 35*

### 1.3 Indikativ Plusquamperfekt Aktiv und Passiv

7

**a)** Den **Indikativ Plusquamperfekt Aktiv** erkennt man am **Tempus-Zeichen -era-** und den **Person-Zeichen -m/-s/-t** ..., die an den Perfekt-Aktiv-Stamm angefügt sind, z. B. *amāv-*: – hatte – geliebt.

| | | | | | | | | | |
|---|---|---|---|---|---|---|---|---|---|
| | **era**-m | ich | hatte | | | **era**-m | ich | war | |
| | **erā**-s | du | hattest | | | **erā**-s | du | warst | |
| amāv- | **era**-t | er/sie/es | hatte | geliebt | fu- | **era**-t | er/sie/es | war | gewesen |
| | **erā́**-mus | wir | hatten | | | **erā́**-mus | wir | waren | |
| | **erā́**-tis | ihr | hattet | | | **erā́**-tis | ihr | wart | |
| | **era**-nt | sie | hatten | | | **era**-nt | sie | waren | |

| | | | |
|---|---|---|---|
| amā́v-**era**-m | ich **hatte** geliebt | vḗn-**era**-m | ich **war** gekommen |
| tacú-**era**-m | ich **hatte** geschwiegen | cucúrr-**era**-m | ich **war** gelaufen |
| mī́s-**era**-m | ich **hatte** geschickt | dēscénd-**era**-m | ich **war** herabgestiegen |
| aspéx-**era**-m | ich **hatte** erblickt | cḗp-**era**-m | ich **hatte** ergriffen |

*Schema aller Konjugationen ↗ Tab. $VI_{2.1}$, S. 79*

1

**b)** Den **Indikativ Plusquamperfekt Passiv** erkennt man an den Formen des **Partizip Perfekt Passiv (PPP)** auf **-t-us/-a/-um** oder **-s-us/-a/-um** (↗ II A 2.7, S. 35) in Verbindung mit den Formen des **Indikativ Imperfekt** von ***esse*** **(eram/erās/erat …)**, z. B.:

| | | | | |
|---|---|---|---|---|
| | eram | ich | war | |
| | erās | du | warst | |
| missus/-a(/-um) | erat | er/sie/es | war | geschickt worden |
| missī/-ae(/-a) | erāmus | wir | waren | |
| | erātis | ihr | wart | |
| | erant | sie | waren | |

| | | | |
|---|---|---|---|
| amā**tus/-a eram** | **ich war** geliebt **worden** | relic**tus/-a eram** | **ich war** verlassen **worden** |
| audī**tus/-a eram** | **ich war** gehört **worden** | mis**sus/-a eram** | **ich war** geschickt **worden** |
| rī**sus/-a eram** | **ich war** verlacht **worden** | pul**sus/-a eram** | **ich war** vertrieben **worden** |
| cap**tus/-a eram** | **ich war** ergriffen **worden** | rap**tus/-a eram** | **ich war** geraubt **worden** |

*Schema aller Konjugationen ↗ Tab. VI₂.₂, S. 80; zur Tempusverwendung ↗ II C 2, S. 41 f.*

## 1.4 Verben der ĭ-Konjugation

Es gibt eine weitere **Vokalische Konjugation**. Sie weist den **kurzen Kennvokal -ĭ-** auf: **ĭ-Konjugation**.

| | Konjugations-klasse | Bedeutungs-teil | Signalteil: Kenn-vokal | Signalteil: *Binde-vokal* | Signalteil: Person-Zeichen | |
|---|---|---|---|---|---|---|
| cápit | Kurzvokalische Konjugation | cáp | ĭ | | t | er/sie/es ergreift |
| fúgiunt | | fúg | ĭ | *u* | nt | sie fliehen |
| | | Präsens-Stamm | Präsens-Stamm | | | |

**a)**

| **Indikativ Präsens** | |
|---|---|
| capĭo | ich ergreife |
| capĭs | du ergreifst |
| capĭt | er/sie/es ergreift |
| cápĭmus | wir ergreifen |
| cápĭtis | ihr ergreift |
| cápĭ*u*nt | sie ergreifen |

| **Infinitiv Präsens** | |
|---|---|
| cápĕre | ergreifen |
| **Imperativ** | |
| cápĕ! | ergreife! |
| cápĭte! | ergreift! |
| **Indikativ Imperfekt** | |
| capĭ**ḗbam** | ich ergriff |
| capĭ**ḗbās** | du ergriffst |
| *usw.* | |

Das kurzvokalische **-ĭ** wird in einigen Formen zu **-ĕ** (z. B. bei *capĕre, capĕ*).

*Vollständiges Konjugationsschema ↗ Tab. VI₁.₁, S. 77*

### b) Perfekt-Bildungen

| | Infinitiv Präsens | Veränderung durch | Bedeutungsteil | Signalteil |
|---|---|---|---|---|
| cupīvī | cupere | -v- | cupīv | ī |
| rapuī | rapere | -u- | rapu | |
| aspexī | aspicere | -s- | aspex | |
| cēpī | capere | Dehnung | cēp | |
| | | | Perfekt-Aktiv-Stamm | |

ich – habe gewünscht/wünschte
ich – habe geraubt/raubte
ich – habe erblickt/erblickte
ich – habe ergriffen/ergriff

*(aspexī < *aspec-sī; cēpī: Dehnung mit Veränderung des Vokals im Bedeutungsteil – a > ē: Ablaut)*



## 1.5 Futur I

Das **Futur I** erkennt man an einem **Tempus-Zeichen**, das in den **Signalteil** des Verbs eingefügt ist.
Verben der **ā-/ē-Konjugation** haben das **Tempus-Zeichen -b(*i*/*u*)-**,
Verben der **ī-/ĭ-/Konsonantischen Konjugation** das **Tempus-Zeichen -a-/-e-**

| -b- -bi-/-bu- -a-/-e- |
|---|
| Futur I |

| Bedeutungsteil | Signalteil: Kennvokal | *Bindevokal* | Tempus-Zeichen | Person-Zeichen | Bedeutungsteil | Signalteil: Kennvokal | *Bindevokal* | Tempus-Zeichen | Person-Zeichen |
|---|---|---|---|---|---|---|---|---|---|
| am | ā | | b | ō | relinqu | | | a | m |
| mon | ē | | b*u* | nt | cap | ĭ | | é | tis |

| | | | |
|---|---|---|---|
| rid- | ē-**b**-ō | ich werde | lachen |
| | ē-**b*i***-s | du wirst | |
| | ē-**b*i***-t | er/sie/es wird | |
| | ē-**b*i***-mus | wir werden | |
| | ē-**b*i***-tis | ihr werdet | |
| | ē-**b*u***-nt | sie werden | |

| | | | |
|---|---|---|---|
| er- | **ō** | ich werde | sein |
| | ***i***-s | du wirst | |
| | ***i***-t | er/sie/es wird | |
| | ***i***-mus | wir werden | |
| | ***i***-tis | ihr werdet | |
| | ***u***-nt | sie werden | |

| | | | |
|---|---|---|---|
| aud- | i-**a**-m | ich werde | hören |
| | i-**ē**-s | du wirst | |
| | i-**e**-t | er/sie/es wird | |
| | i-**é**-mus | wir werden | |
| | i-**é**-tis | ihr werdet | |
| | i-**e**-nt | sie werden | |

| | | | |
|---|---|---|---|
| amā-**b*i***-t | er **wird** lieben | audi-**a**-m/audi-**e**-t | ich **werde**/er **wird** hören |
| rīdē-**b*i***-t | er **wird** lachen | mitt-**a**-m/mitt-**e**-t | ich **werde**/ er **wird** schicken |
| | | capi-**a**-m/capi-**e**-t | ich **werde**/er **wird** ergreifen |

*Schema aller Konjugationen ↗ Tab. VI1.1, S. 77*



## 1.6 Indikativ Präsens, Imperfekt und Futur I Passiv – Infinitiv Präsens Passiv

Die Formen des **Indikativ Präsens, Imperfekt** und **Futur I Passiv** erkennt man an besonderen **Person-Zeichen**. Diese bilden – gegebenenfalls mit anderen Elementen – den **Signalteil** des Verbs.

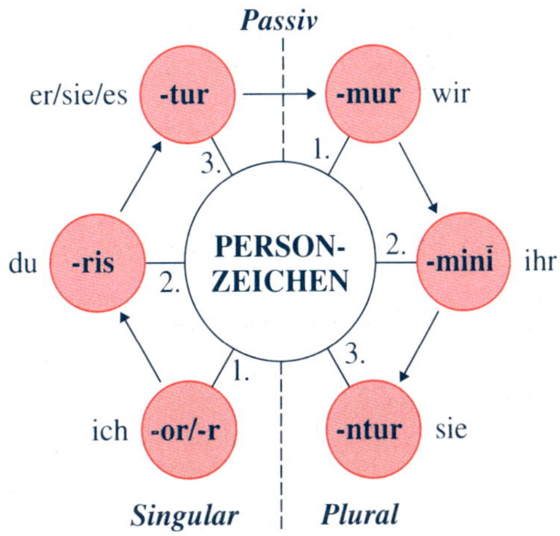

10

## a) Präsens Passiv

| Bedeutungsteil | Signalteil: Kennvokal | Signalteil: *Bindevokal* | Signalteil: Person-Zeichen |
|---|---|---|---|
| mon | e | | or |
| relínqu | | *e* | ris |

| | | | |
|---|---|---|---|
| mon- | e-**or** | ich werde | gemahnt |
| | ē-**ris** | du wirst | |
| | ē-**tur** | er/sie/es wird | |
| | ē-**mur** | wir werden | |
| | ē-**minī** | ihr werdet | |
| | e-**ntur** | sie werden | |

| | |
|---|---|
| am-or (<*a-or) | ich **werde** geliebt |
| audi-or | ich **werde** gehört |
| relinqu-or | ich **werde** verlassen |
| capi-or | ich **werde** gefangen |

*Konjugationsschemata ➚ Tab. VI$_{1,2}$, S. 78*

## b) Imperfekt Passiv

| Bedeutungsteil | Signalteil: Kennvokal | Signalteil: *Bindevokal* | Signalteil: Tempus-Zeichen | Signalteil: Person-Zeichen |
|---|---|---|---|---|
| mon | ē | | ba | r |
| relinqu | | *ē* | bā́ | minī |

| | | | |
|---|---|---|---|
| mon- | ē-**ba**-r | ich wurde | gemahnt |
| | ē-**bā**-ris | du wurdest | |
| | ē-**bā**-tur | er/sie/es wurde | |
| | ē-**bā**-mur | wir wurden | |
| | ē-**bā**-minī | ihr wurdet | |
| | ē-**ba**-ntur | sie wurden | |

| | |
|---|---|
| amā-**ba**-r | ich **wurde** geliebt |
| audi-ē**ba**-r | ich **wurde** gehört |
| relinqu-ē**ba**-r | ich **wurde** verlassen |
| capi-ē**ba**-r | ich **wurde** gefangen |

## c) Futur I Passiv

| Bedeutungsteil | Signalteil: Kennvokal | Signalteil: *Bindevokal* | Signalteil: Tempus-Zeichen | Signalteil: Person-Zeichen |
|---|---|---|---|---|
| am | ā | | **b** | or |
| mon | ē | | **b*ú*** | ntur |

| Bedeutungsteil | Signalteil: Kennvokal | Signalteil: *Bindevokal* | Signalteil: Tempus-Zeichen | Signalteil: Person-Zeichen |
|---|---|---|---|---|
| relinqu | | | **a** | r |
| cap | ĭ | | **ē** | minī |

| | | |
|---|---|---|
| mon- | ē-**b**-or | ich werde gemahnt werden *usw.* |
| | ē-**b*e***-ris | |
| | ē-**b*i***-tur | |
| | ē-**b*i***-mur | |
| | ē-**b*i***-minī | |
| | ē-**b*u***-ntur | |

| | | |
|---|---|---|
| cap- | i-**a**-r | ich werde gefangen werden *usw.* |
| | i-**ē**-ris | |
| | i-**ē**-tur | |
| | i-**ē**-mur | |
| | i-**ē**-minī | |
| | i-**e**-ntur | |

| | |
|---|---|
| amā-**b**-or | ich **werde** geliebt **werden** |
| monē-**b**-or | ich **werde** gemahnt **werden** |
| audi-**a**-r | ich **werde** gehört **werden** |
| relinqu-**a**-r | ich **werde** verlassen **werden** |
| capi-**a**-r | ich **werde** ergriffen **werden** |

*Konjugationsschemata ➚ Tab. VI$_{1,2}$, S. 78*

### d) Infinitiv Präsens Passiv

Den **Infinitiv Präsens Passiv** erkennt man am **Infinitiv-Zeichen -rī/-ī**.

| | | Bedeutungsteil | Signalteil: Kennvokal | Signalteil: *Bindevokal* | Signalteil: Infinitiv-Zeichen | |
|---|---|---|---|---|---|---|
| amārī | Vokalische Konjugationen ā | am | ā | | rī | geliebt werden |
| monērī | Vokalische Konjugationen ē | mon | ē | | rī | gemahnt werden |
| audīrī | Vokalische Konjugationen ī | aud | ī | | rī | gehört werden |
| capī | Vokalische Konjugationen ĭ | cap | | | ī | gefangen werden |
| relinquī | Konsonantische Konjugationen | relinqu | | | ī | verlassen werden |

*(capī < *capi-i)*

## 2 Nomen

### 2.1 Substantive und Adjektive auf -(e)r

| | Deklinationsklasse | N. Sg. | Bedeutungsteil | Signalteil | |
|---|---|---|---|---|---|
| Substantive | o-Deklination | puer | puer | ī | der/ein Junge |
| Substantive | Konsonantische Deklination | mulier | mulier | is | die/eine Frau |
| | | pater | patr | um | der/ein Vater |
| Adjektive | | **N. Sg. Maskulinum** | | | |
| Adjektive | Zu Gruppe I | miser | miser | a/-um | der/die/das unglückliche … |
| | | pulcher | pulchr | a/-um | der/die/das schöne … |
| Adjektive | Zu Gruppe II (↗A 2.4) | celer | celer | is/-e | der/die/das schnelle … |
| | | acer | acr | is/-e | der/die/das scharfe … |

**-(e)r**

Substantive
Adjektive

*Vollständige Deklinationsschemata ↗ Tab $I_{1.1}$, $I_{2.1}$, $I_{2.2}$, S. 71 f.*

### 2.2 u-Deklination

**-u-**

DEKLINATION

**Substantive der u-Deklination** erkennt man am **Kennvokal -u-**, der zwischen dem Bedeutungsteil und dem Kasus-Zeichen steht (*aber:* **-i-** im D./Abl. Pl.).

| Bedeutungsteil | Signalteil: Kennvokal | Signalteil: Kasus-Zeichen | |
|---|---|---|---|
| exercit | u | s | das/ein Heer |
| exercit | ū | s | des Heeres |
| exercít | u | ī | dem Heer |
| exercit | u | m | das Heer |
| *cum* exercit | ū | | *mit* dem Heer |

| Bedeutungsteil | Signalteil: Kennvokal | Signalteil: Kasus-Zeichen | |
|---|---|---|---|
| exercit | ū | s | (die) Heere |
| exercít | u | um | der Heere |
| exercít | i | bus | den Heeren |
| exercit | ū | s | (die) Heere |
| *cum* exercít | i | bus | *mit* den Heeren |

8
## 2.3 Konsonantische Deklination
### a) Neutra

| Deklinationsklasse | Bedeutungsteil | Signalteil | |
|---|---|---|---|
| Konsonantische Deklination | nōmen | | (der) Name/den Namen |
| | nōmin | is | des Namens |
| | nōmin | a | (die) Namen |
| | opus | | (das) Werk |
| | oper | is | des Werkes |
| | oper | a | (die) Werke |

**Neutra**
Konsonantische Deklination

*Vollständiges Deklinationsschema ↗ Tab. $I_{1.1}$, S. 71*

### b) Besonderheiten

Abweichend vom Signalteil der Konsonantischen Deklination haben einige Substantive im **Akk. Sg.** m/f ***-im***, im **Abl. Sg.** ***-ī***, im **N./Akk. Pl.** n ***-ia***, im **G. Pl.** ***-ium.***

| | | | | |
|---|---|---|---|---|
| vīs Kraft, Gewalt | vīrēs (Streit-)Kräfte | turris Turm | turrēs Türme | moen**ia** Mauern |
| | vīr**ium** | | turr**ium** | moen**ium** |
| v**im** | | turr**im** | | |
| v**ī** | | *dē* turr**ī** | | |

9
## 2.4 Adjektivgruppe II

Viele Adjektive weisen den **Signalteil** der **Substantive der Konsonantischen Deklination** auf. Man zählt diese Adjektive zur **Adjektivgruppe II**. Abweichend haben diese Adjektive fast immer

| im **Abl. Sg.** ***-ī*** | im **N./Akk. Pl.** n ***-ia*** | im **G. Pl.** ***-ium*** |
|---|---|---|

In der **Adjektivgruppe II** unterscheidet man nach den Formen des **N. Sg.** **‚drei-endige', ‚zwei-endige' und ‚ein-endige' Adjektive.**

**drei-endig**
**zwei-endig**
**ein-endig**
Adjektivgruppe II

▸ **Deklinationsschema**

| | eques celer *ein schneller Reiter* mors celeris *ein schneller Tod* auxilium celere *eine schnelle Hilfe* | | | amīcus ūtilis *ein nützlicher Freund* lēx ūtilis *ein nützliches Gesetz* imperium ūtile *eine nützliche Herrschaft* | | | puer prūdēns *ein kluger Junge* amīca prūdēns *eine kluge Freundin* verbum prūdēns *ein kluges Wort* | | |
|---|---|---|---|---|---|---|---|---|---|
| | m | f | n | m/f | | n | m/f | | n |
| Sg. N. | celer | celeris | celere | ūtilis | | ūtile | | prūdēns | |
| G. | | celeris | | | ūtilis | | | prūdentis | |
| D. | | celerī | | | ūtilī | | | prūdentī | |
| Akk. | celerem | | celere | ūtilem | | ūtile | prūdentem | | prūdēns |
| Abl. | | celer**ī** | | | ūtil**ī** | | | prūdent**ī** | |
| Pl. N. | celerēs | | celer**ia** | ūtilēs | | ūtil**ia** | prūdentēs | | prūdent**ia** |
| G. | | celer**ium** | | | ūtil**ium** | | | prūdent**ium** | |
| D. | | celeribus | | | ūtilibus | | | prūdentibus | |
| Akk. | celerēs | | celer**ia** | ūtilēs | | ūtil**ia** | prūdentēs | | prūdent**ia** |
| Abl. | | celeribus | | | ūtilibus | | | prūdentibus | |
| | ‚drei-endig' | | | ‚zwei-endig' | | | ‚ein-endig' | | |



>Wenn in der Mitte eine Form steht, bedeutet es, dass sie für alle drei Geschlechter gilt

7

## 2.5 Pronomina

### a) Demonstrativ-Pronomina

▸ **ILLE/ILLA/ILLUD**

| | **ille/illa/illud** *jener/jene/jenes* | | | | | |
|---|---|---|---|---|---|---|
| | Singular | | | Plural | | |
| | m | f | n | m | f | n |
| N. | ille | illa | illu*d* | illī | illae | illa |
| G. | | ill**īus** | | illōrum | illārum | illōrum |
| D. | | ill**ī** | | | illīs | |
| Akk. | illum | illam | illu*d* | illōs | illās | illa |
| Abl. | illō | illā | illō | | illīs | |

**ILLE/ILLA/ILLUD** weist hin auf:
– **zeitlich und räumlich Entferntes**:

| | |
|---|---|
| illīs annīs | in jenen (früheren) Jahren |

– **geschichtlich berühmte Personen**:

| | |
|---|---|
| Rōmulus et Rēmus, illī frātrēs | Romulus und Remus, jene (berühmten) Brüder |

▸ **HIC/HAEC/HOC**

| | **hic/haec/hoc** *dieser/diese/dieses* | | | | | |
|---|---|---|---|---|---|---|
| | Singular | | | Plural | | |
| | m | f | n | m | f | n |
| N. | hi*c* | hae*c* | ho*c* | hī | hae | hae*c* |
| G. | | **huius** | | hōrum | hārum | hōrum |
| D. | | hui*c* | | | hīs | |
| Akk. | hun*c* | han*c* | ho*c* | hōs | hās | hae*c* |
| Abl. | hō*c* | hā*c* | hō*c* | | hīs | |

**HIC/HAEC/HOC** weist hin auf:
– **zeitlich und räumlich näher Liegendes**:

| | |
|---|---|
| hōc tempore | in dieser (der jetzigen/heutigen) Zeit |

– **unmittelbar Folgendes**:

| | |
|---|---|
| hoc/haec dīxit | er sagte Folgendes |

### ▸ IS/EA/ID

| | **is/ea/id** *1. er/sie/es (als Personal-Pronomen der 3. P.)* *2. dieser/diese/dieses* *3. der(jenige)/die(jenige)/das(jenige)* | | | | | |
|---|---|---|---|---|---|---|
| | Singular | | | Plural | | |
| | m | f | n | m | f | n |
| N. | is | ea | **id** | eī (iī) | eae | ea |
| G. | | **eius** | | eōrum | eārum | eōrum |
| D. | | **eī** | | | eīs (iīs) | |
| Akk. | eum | eam | **id** | eōs | eās | ea |
| Abl. | eō | eā | eō | | eīs (iīs) | |

**IS/EA/ID** weist hin auf:
- eine **genannte Person oder Sache** (↗ Verweiswörter I C 1.5 S. 25),
- eine **kommende Person oder Sache** (↗ Verweiswörter I C 1.5, S. 25), die meist **im Relativsatz** steht:

| | |
|---|---|
| **is** vir, *quī* … | **derjenige** Mann, *welcher/der* … |
| **ea** templa, *quae* ibī vidēs … | **die** Tempel, *die* du dort siehst … |

**IS/EA/ID** kennzeichnet:
- eine genannte Person oder Sache näher:

| | |
|---|---|
| **ea** mulier | **diese** (bereits) **genannte** Frau |
| **eī** hominēs | **diese** (oben erwähnten) Menschen |

- im Genitiv das **Besitzverhältnis**:

| | |
|---|---|
| fīlius **eius** | **sein/ihr** Sohn |
| **eōrum/eārum** urbs | **ihre** Stadt |

*Beachte:* Im Lateinischen werden in der 3. Person das reflexive und das nicht reflexive Besitzverhältnis unterschiedlich ausgedrückt:

| | |
|---|---|
| ***Catullus*** amīcam **suam** ex animō amat. | Catull liebt **seine** Freundin von Herzen. |
| **Eius** amīca clāra est. | **Seine** (Dessen) Freundin ist berühmt. |

## b) Relativ-Pronomen

| | **quī/quae/quod** *der/die/das; welcher/welche/welches* | | | | | |
|---|---|---|---|---|---|---|
| | Singular | | | Plural | | |
| | m | f | n | m | f | n |
| N. | quī | quae | **quod** | quī | quae | quae |
| G. | | **cuius** | | quōrum | quārum | quōrum |
| D. | | cui | | | quibus | |
| Akk. | quem | quam | **quod** | quōs | quās | quae |
| Abl. | quō | quā | quō | | quibus | |

**QUI/QUAE/QUOD** leitet ein:
- einen **Gliedsatz**, der ein Nomen **näher bestimmt**: **Attributsatz** (↗ II B 3.1, S. 39),
- einen **Hauptsatz**, der mit dem vorausgehenden Hauptsatz **sehr eng verbunden** ist: **relativischer Satzanschluss** (↗ II B 3.2 b, S. 39).

### c) Demonstrativ-Pronomen + Relativ-Pronomen

| | | | |
|---|---|---|---|
| is, quī … | der(jenige), der … | eī (iī), quī … | die(jenigen), die/welche … |
| ea, quae … | die(jenige), die … | ea, quae … | das(jenige), was … |

### d) Reflexiv-Pronomen

Das Reflexiv-Pronomen **SE, SIBI** bezieht sich unmittelbar auf das **Subjekt: direktes Reflexivum**.

| | |
|---|---|
| Quis sibī nōn placet? | Wer ist nicht mit sich zufrieden? |
| Multī sē suōsque servāvērunt. | Viele haben sich und die Ihren gerettet. |

## 2.6 Numerale: Grundzahlen (↗ *Tab.* III, S. 75)

## 2.7 Partizip Perfekt Passiv

Das **Partizip** ist eine Verbform, die Anteil am **Verb** und am **Nomen** hat (*particeps:* Anteil habend).

Das **Partizip Perfekt Passiv (PPP)** erkennt man am **Partizip-Perfekt-Passiv-Stamm (PPP-Stamm)** und dem **Signalteil der Adjektivgruppe I -us/-a/-um**.

Der **PPP-Stamm** endet auf **-t-** oder **-s-**.

**-t-us/**
**-s-us**
PPP

| | Infinitiv Präsens | Bedeutungsteil | Signalteil | |
|---|---|---|---|---|
| amātus/-a/-um | amāre | ① amāt | -us/-a/-um | geliebt |
| audītus/-a/-um | audīre | ② audīt | | gehört |
| relictus/-a/-um | relinquere | ③ relict | | verlassen |
| missus/-a/-um | mittere | ④ miss | | geschickt |
| pulsus/-a/-um | pellere | ⑤ puls | | vertrieben |
| rīsus/-a/-um | rīdēre | ⑥ rīs | | verlacht |
| quaesītus/-a/-um | quaerere | ⑦ quaesīt | | gesucht |
| | | PPP-Stamm | | |

Der **PPP-Stamm** ist gegenüber dem Bedeutungsteil des Verbs im Präsens-Stamm oft **verändert** ④ ⑤ ⑥, **verkürzt** ③ oder **erweitert** ⑦.

Das **Partizip Perfekt Passiv** ist verwendet
- zur **Bildung des Perfekt und Plusquamperfekt Passiv** (↗ II A 1.3 a und b, S. 27 f.),
- zur **näheren Bestimmung eines Nomens** (Attribut ↗ II B 2.1, S. 37),
- zur **Ergänzung des Prädikats** (Adverbiale ↗ II B 2.2, S. 38),
- als **Substantiv**, meist im Plural, z. B.: *missī* die Gesandten.

# B Lehre vom Satz

## 1 Die Konstruktion des AcI

9

**1.1** Der **Infinitiv** kann ein **eigenes ‚Subjekt'** bei sich haben.
Diese Konstruktion heißt **AcI** (Accusativus cum Infinitivo):

Lēgātī **urbem** **iacēre** / **iacuisse** dīcunt.

Die Gesandten sagen, *dass* **die Stadt** in Trümmern **liegt/liege.** / in Trümmern **gelegen hat/habe.**

**1.2** Der **AcI** lässt sich in der Regel **nicht wörtlich übersetzen**.
Die **Konstruktion** muss deshalb umgebaut werden, meist in einen **dass-Gliedsatz.**

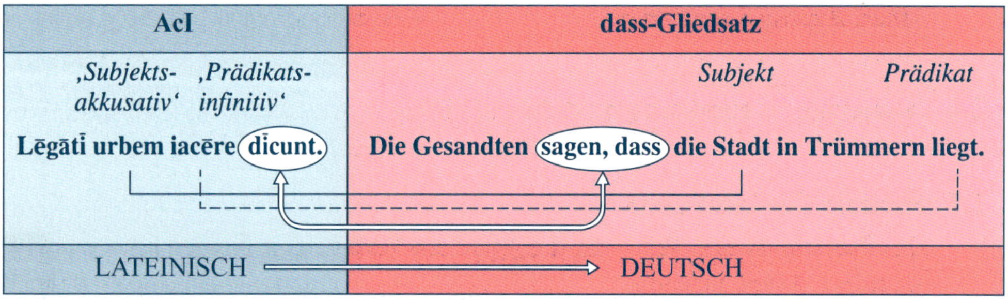


**1.3** Der **AcI** erfüllt im Satz die **syntaktische Funktion** des **Objekts** oder des **Subjekts**.

① Cicerō **lēgēs scrīptās esse** trādit. Cicero überliefert, **dass Gesetze aufgeschrieben worden sind.**

② **Lēgēs scrīptās esse** cōnstat. **Dass Gesetze aufgeschrieben worden sind**, steht fest.

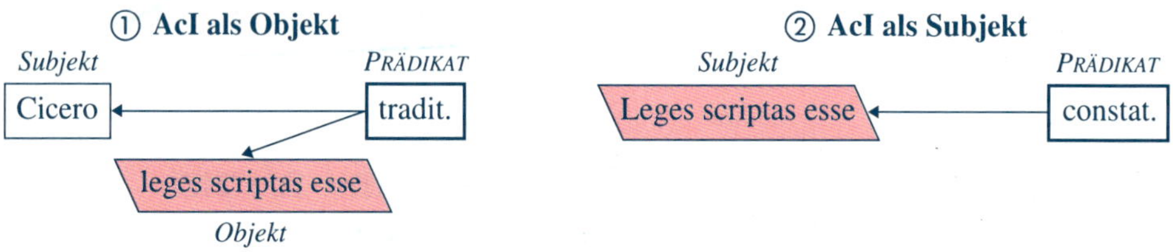


**1.4** Da der **AcI** eine einem Gliedsatz entsprechende Aussage enthält, bezeichnet man diese Konstruktion als **satzwertig**.

| | | |
|---|---|---|
| ***Lēgēs scrīptās esse*** | cōnstat. | ***Dass die Gesetze aufgeschrieben worden sind***, steht fest. |
| **Lēgēs scrīptae sunt;** | cōnstat. | **Die Gesetze sind aufgeschrieben worden**; das steht fest. |

**AcI als satzwertige Konstruktion dargestellt**

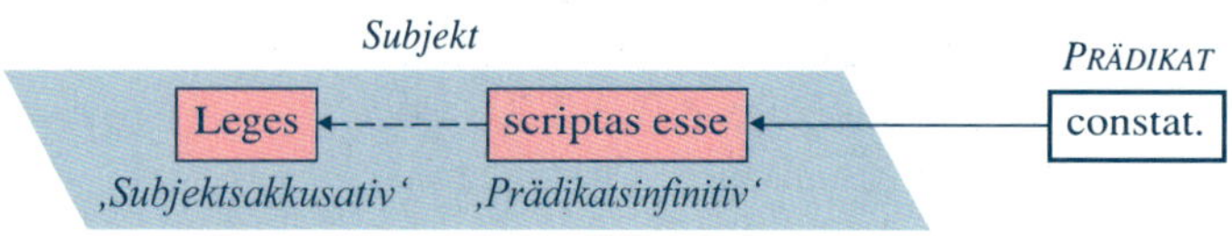

**1.5** Den **AcI**, der ein **Urteil** oder eine **Aussage** über eine **Tatsache** enthält, findet man nach Verben

| des Sagens | des Wahrnehmens und Glaubens | der Gemütsbevegung | der unpersönlichen Feststellung |
|---|---|---|---|
| *z. B.*<br>dīcere<br>trādere<br>nūntiāre<br>negāre | *z. B.*<br>vidēre<br>putāre<br>scīre<br>intellegere | *z. B.*<br>gaudēre | *z. B.*<br>cōnstat<br>appāret |

**1.6** Der Vorgang des AcI steht zu dem Vorgang des Satzes, in den der AcI eingebettet ist, in einem **bestimmten Zeitverhältnis**: **vorzeitig**, **gleichzeitig** oder **nachzeitig** (↗ III B 4.3 a, S. 55).

| Infinitiv Präsens | Infinitiv Perfekt |
|---|---|
| Putābam mē **errāre.**<br>Ich glaubte, dass ich mich **irrte/** mich **zu irren.** | Putābam mē **errāvisse.**<br>**Ich glaubte, dass ich mich geirrt hatte/** mich **geirrt zu haben.** |
| Gleichzeitigkeit | Vorzeitigkeit |

## 2 Das Partizip als Attribut oder Adverbiale

Ein **Partizip** ist immer mit einem **Substantiv** verbunden; es stimmt mit diesem in **KNG** überein.

### 2.1 In der Funktion des Attributs

| Ecce! Ara Pācis ab Augustō **aedificāta**! | Schau! Da ist **der** von Augustus **erbaute Altar des Friedens (der Altar ..., der ... erbaut worden ist)**! |
|---|---|

*Satzmodell:*

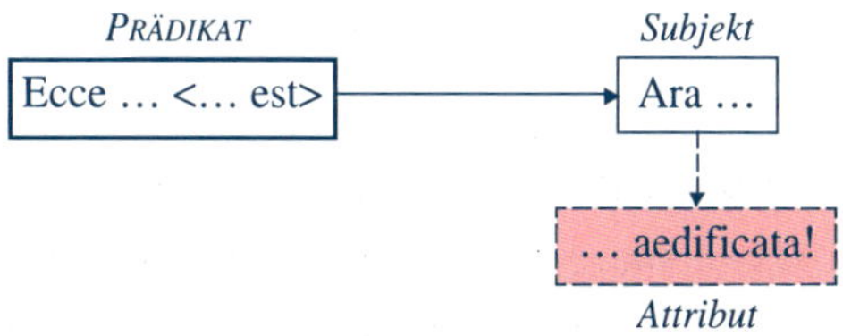


In der **syntaktischen Funktion des Attributs** ist das **Partizip** einem **Substantiv** als **nähere Bestimmung** beigefügt. Es lässt sich in diesem Falle oft **wörtlich** oder mit einem **Relativsatz** übersetzen.

## 2.2 In der Funktion des Adverbiales: Participium coniunctum (PC)

| | |
|---|---|
| ① **Ara** Pācis ab Augustō **aedificāta** statim ab omnibus laudābātur. | **Der Altar** des Friedens wurde sofort, **nachdem er** von Augustus **erbaut worden war,** von allen gerühmt. |
| ② Omnēs **Aram** Pācis ab Augustō **aedificātam** statim laudābant. | Alle rühmten **den Altar** des Friedens sofort, **nachdem er** von Augustus **erbaut worden war.** |

**a)** In der **syntaktischen Funktion des Adverbiales** drückt das **Partizip** eine **nähere Bestimmung des Prädikats** aus. Es ist mit einem weiteren **Satzglied**, meist dem Subjekt oder einem Objekt, in **KNG-Kongruenz** „verbunden".
Man nennt diese Erscheinungsform des Partizips **Participium coniunctum** (PC: „verbundenes Partizip").

*Satzmodell:*

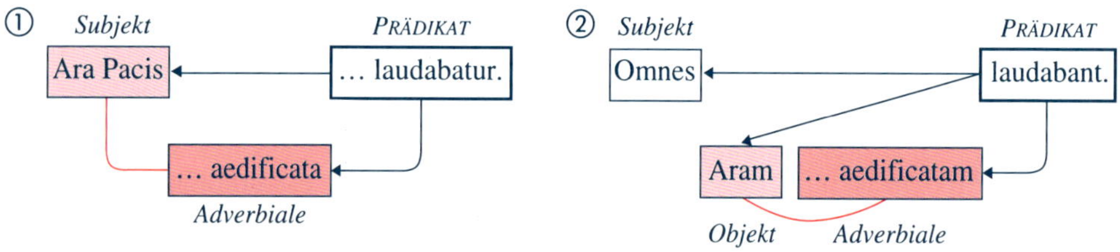


**b)** Da das **PC** eine **einem Gliedsatz entsprechende Aussage** enthält, bezeichnet man diese Konstruktion als **satzwertig**.

| | |
|---|---|
| Tiberius ab **Augustō laesus** / Tiberius, **quod ab Augustō laesus erat,** } Italiā cessit. | Tiberius verließ Italien, { **weil er von Augustus beleidigt worden war.** |

**c)** Zwischen der Aussage des PC und der Aussage des Satzes, in dem das PC steht, herrscht ein bestimmtes Sinnverhältnis; dieses kann z. B. **temporal** (zeitangebend), **kausal** (begründend) oder **konzessiv** (einräumend) sein. Das PC hat also neben der **syntaktischen Funktion** auch eine **semantische Funktion** (Sinnrichtung).

| Lateinisch | Deutsch | Sinnrichtung |
|---|---|---|
| **Iūlia** ā Tiberiō **relicta** vītam inter gaudia agēbat. | **Nachdem** / **Weil** / **Obwohl** } { **Julia** von Tiberius **verlassen worden war,** { führte sie ein Leben in Freuden. | **temporal**<br>**kausal**<br>**konzessiv** |

Die zutreffende Übersetzung ergibt sich letztlich immer erst aus dem Sinnzusammenhang des Textes.

**d)** Das **PC** kann **im Deutschen** auf dreifache Weise wiedergegeben werden, und zwar durch

| | |
|---|---|
| 1. **Unterordnung** (adverbialer Gliedsatz): | **Nachdem Julia … verlassen worden war,** führte sie … |
| 2. **präpositionale Verbindung**: | **Nach der Trennung von Tiberius** führte Julia … |
| 3. **Beiordnung** (Hauptsatz mit Konjunktion und/oder Adverb): | **Julia war … verlassen worden; daraufhin** führte sie … |

## 3 Relativsätze als Attribut

**3.1** Der mit einem **Relativ-Pronomen** (↗ II A 2.5 b, S. 34) eingeleitete Gliedsatz **(Relativsatz)** bestimmt wie ein **Attribut** eine Person oder Sache näher: **Attributsatz**.

| | |
|---|---|
| Aenēās, **quī** ex Trōiā fūgerat, in Italiam, **quae** eī patria nova erat, vēnit. | Äneas, **der** aus Troia geflohen war, kam nach Italien, **das** ihm eine neue Heimat wurde. |

**Relativsatz als Attributsatz**

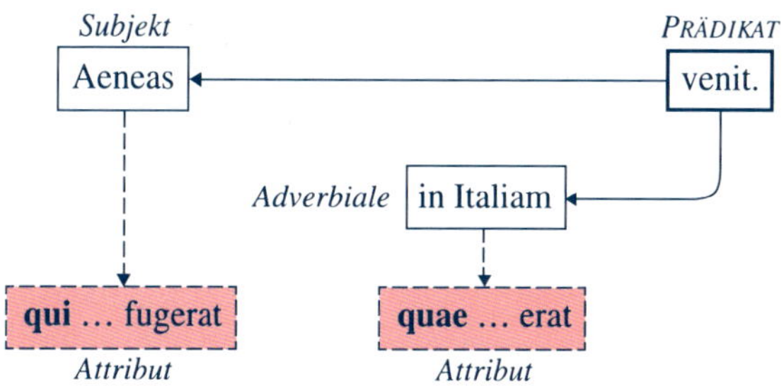


**3.2**

**a)** Das **Relativ-Pronomen** erscheint je nach seiner **Funktion im Relativsatz** in einem **bestimmten Kasus**.

| | | |
|---|---|---|
| Aenēās, **cuius** pater Anchīsēs erat … | Äneas, **dessen** Vater Anchises war … | **G.-Attribut** |
| Aenēās, **quem** Trōiānī amābant … | Äneas, **den** die Trojaner liebten … | **Akk.-Objekt** |
| Trōiānī, **quibus** perīcula appārēbant … | Die Trojaner, **denen** sich Gefahren zeigten … | **D.-Objekt** |
| Trōiānī, **dē quibus** Homērus nārrat … | Die Trojaner, **über die** Homer erzählt … | **Präp.-Objekt** |

**b)** Ein **Relativsatz** kann sich vom Hauptsatz so stark lösen, dass er als **eigenständiger Satz** fungiert. Das Relativ-Pronomen stellt hier eine enge Verbindung zwischen den beiden Sätzen her: **relativischer Satzanschluss**.

Das **Relativ-Pronomen** wird hier mit einem **Demonstrativ-** oder einem **Personal-Pronomen** wiedergegeben.

| | |
|---|---|
| Aenēās cum paucīs ē **patriā suā** fūgit. | Äneas ist mit wenigen aus **seiner Heimatstadt** geflohen. |
| **Quae** ā Graecīs capta erat. | **Diese/Sie** war von den Griechen erobert worden. |

# 4 Kasuslehre

10

**4.1** Der **Genitiv** bezeichnet häufig das Ganze, von dem eine **Teilmenge** angegeben ist: **Teilungs-Genitiv (Genitivus partitivus)**.

!

| | | | |
|---|---|---|---|
| pars **cīvium** | ein Teil **der Bürger** | tria mīlia **hominum** | dreitausend **Menschen** |
| satis **aquae** | genug **Wasser** | multum **prūdentiae** | viel **Klugheit** |
| tantum **timōris** | so viel **Furcht** | nihil **salūtis** | keine **Rettung** |
| quis **nostrum** | wer **von uns** | nēmō **vestrum** | niemand **von euch** |

**4.2** Der **Genitiv** in Abhängigkeit von einem **Substantiv**, das ein **Gefühl** oder ein **Verhalten** ausdrückt, bezeichnet

– die Person, die das Gefühl oder das Verhalten zeigt: **Genitiv der Zugehörigkeit (Genitivus subiectivus)**.

| | |
|---|---|
| īra deōrum | der Zorn **der Götter** |

– die Person oder Sache, auf die sich das Gefühl oder das Verhalten richtet: **Genitiv der Zugehörigkeit (Genitivus obiectivus)**.

| | |
|---|---|
| timor deōrum | die Furcht **vor den Göttern** |
| timor mortis | die Angst **vor dem Tod/Todesangst** |

**4.3** Der **Dativ** in Verbindung mit der **Copula** ***esse*** bezeichnet häufig den Besitzer: **Besitzer-Dativ (Dativus possessoris)**.

| | |
|---|---|
| **Urbī Rōmae** multa templa ***erant.*** | **Die Stadt Rom** ***besaß*** viele Tempel. |
| **Minervae** māgna prūdentia ***est.*** | **Minerva** ***verfügt*** über große Klugheit. |

6

**4.4** Der **Akkusativ** bezeichnet bei **Substantiven der Zeitbestimmung** die **Dauer**: **Akkusativ der zeitlichen Ausdehnung**.

| | |
|---|---|
| **Multōs annōs** rēgnāvit. | Er herrschte **viele Jahre (lang)**. |

9

**4.5** Der **Akkusativ von Ortsnamen** bezeichnet bei **Verben der Bewegung** in der Regel die **Richtung**: **Richtungs-Akkusativ**.

| | |
|---|---|
| **Rōmam** vēnī. | Ich bin **nach Rom** gekommen. |

8

**4.6** Der **Ablativ** eines Substantivs in Verbindung mit einem **Adjektiv** bezeichnet entweder als **Prädikatsnomen** bei *esse* oder als **Attribut** zu einem **Substantiv** eine **Eigenschaft**: **Ablativ der Eigenschaft (Ablativus qualitatis)**.

| | |
|---|---|
| **Bonō animō** sum. | Ich bin **guten Mutes/zuversichtlich**. |
| Quis nescit Catōnem, illum **sevēris mōribus** virum? | Wer kennt nicht Cato, jenen **sittenstrengen** Mann? |

6

**4.7** Der **Ablativ** in Verbindung mit ***ā/ab*** bezeichnet beim **Passiv** den **Urheber** der **Handlung**: **Urheber-Ablativ (Ablativus auctoris)**.

| | |
|---|---|
| Ara Pācis **ab Augustō** aedificāta est. | Der Altar des Friedens ist **von Augustus** erbaut worden. |

# C Lehre vom Text

## 1 Textzusammenhang durch Pronomina

6 7

**De Hannibale**

Māgna perīcula Rōmae ab ***Hannibale*** imminēbant. **Quī** ad Cannās exercitūs ***Rōmānōrum*** vīcerat. **Eōrum** animī timōre nōn vacābant. Nam **illum hostem** ***urbem*** petere sciēbant. **Ea** ad id tempus expūgnāta nōn erat. Itaque cīvēs dēlīberābant: „Omnibus vīribus arcēbimus **ab hāc urbe** **illum**, ***quī*** **eam** vī capere studet. ***Carthāginiēnsēs*** cum ***nostrīs mīlitibus*** dē victōriā pūgnābunt. **Illī** prō imperiō, **hī** prō ***patriā*** pūgnābunt. **Quam** servāre nōs omnēs studēbimus."

**1.1** Der **Zusammenhang eines Textes** wird vielfach auch durch die **Pronomina** hergestellt, und zwar durch die **Demonstrativ-Pronomina IS/EA/ID – ILLE/ILLA/ILLUD – HIC/HAEC/HOC** sowie durch das **Relativ-Pronomen QUI/QUAE/QUOD** beim **relativischen Satzanschluss** (↗ II B 3.2 b, S. 39).

**1.2** Die Pronomina fungieren hier als **Verweiswörter**: Sie weisen in den meisten Fällen auf Wörter zurück, seltener auf Wörter voraus (z. B. *ille* → *quī*, ↗ I C 1.5, S. 25).

**1.3** Bei der **Analyse eines Textes** ist deshalb immer genau darauf zu achten, **worauf sich die verwendeten Pronomina beziehen**. Dadurch wird das Verständnis des Textes erheblich gefördert.

## 2 Textgestaltung durch die Tempora

10

**Hannibal ad portas!**

Hannibal Carthāginiēnsium exercitum ad illam urbem **ad-dūcēbat**, quae ā Rōmulō **condita erat**. Ibī cīvēs in māgnō timōre **erant**; salūtī enim omnium summa perīcula imminēre **dīcēbant**. Itaque magistrātūs auxilia **parābant**, moenia urbis multīs custōdibus **circumdabant**. Sed multī fīnem cīvitātis ad-esse **clāmābant**.

Hannibal vīrēs suās ad urbem **ad-mōv*it***; neque tamen mūrōs tēlīs **pet*it***, sed ante portās **sed*et***, **man*et***, nōn **dēsin*it*** cum gaudiō hanc urbem clāram aspicere. Tum exercitum locō **mōv*it*** et in Campāniam **re-dūx*it***. Itaque Rōma, illa cunctae Italiae patria, **servā*ta est***.

**2.1** Ein Text wird auch durch die **Verwendung der Tempora** gestaltet. **Imperfekt** (z. B. *ad-dūcēbat, erant*) und **Plusquamperfekt** (z. B. *condita erat*) kennzeichnen den Geschehenshintergrund, **historisches Perfekt** (z. B. *admōvit, redūxit, servāta est*) und **historisches (dramatisches) Präsens** (z. B. *petit, nōn dēsinit*) den Geschehensvordergrund. Dadurch erhält das im Text dargestellte Geschehen eine deutliche Prägung (ein **„Handlungsrelief"**).

10

**2.2** In diesem Grobrahmen können die einzelnen Tempora noch besondere Sinnrichtungen aufweisen:

| Verwendetes Tempus | Beispiele aus dem Text | | Sinnrichtung | |
|---|---|---|---|---|
| **Imperfekt** | ① in māgnō timōre **erant**<br>② clāmā**bant**<br>③ circumda**bant** | sie waren in Panik<br>sie schrien immer wieder<br>sie versuchten zu umgeben | kennzeichnet ① Dauer, ② Wiederholung, ③ Versuch | Geschehens-hintergrund |
| Plusquamperfekt | condi**ta erat** | sie war gegründet worden | erfasst Vorvergangenes | |
| **Perfekt** | ① redū**xit**<br>② Rōma servā**ta est**. | er führte zurück<br>Rom ist gerettet (worden). | ① erzählt Einmaliges (narrativ)<br>② stellt ein Ergebnis fest (konstatierend) | Geschehens-vordergrund |
| historisches (dramatisches) Präsens | pet**it**, sed**et**, man**et** | er greift an, sitzt, bleibt | stellt ein Ereignis dramatisch dar | |

Perfekt wird eher [illegible] mit z.B. er sagt übersetzt

Im Deutschen kein Imperfekt

# A Lehre vom Wort

## 1 Verb

### 1.1 Formen des Konjunktiv Aktiv

Der **Konjunktiv** ist der **Modus der Möglichkeit** und **der Nichtwirklichkeit**.

11

| Form | Bedeutungsteil | Signalteil: Kennvokal | Signalteil: *Bindevokal* | Signalteil: Modus-Zeichen | Signalteil: Person-Zeichen |
|---|---|---|---|---|---|
| amem | am | | | **e** | m (< *a-e-m) |
| móneās | món | e | | **ā** | s |
| sit | s | | | **i** | t |
| relínquerent | relínqu | | *e* | **re** | nt |
| | Präsens-Stamm | | | | |

| Bedeutungsteil | Signalteil: Modus-Zeichen | Signalteil: Person-Zeichen | Form |
|---|---|---|---|
| amā́v | **eri** | m | amā́verim |
| monu | **éri** | mus | monuérimus |
| fú | **eri** | nt | fúerint |
| cēp | **issé** | tis | cēpissétis |
| Perfekt-Aktiv-Stamm | | | |

Die **Übersetzung** aller Formen des **Konjunktivs** ist vom Kontext abhängig.
Eine **wörtliche Übersetzung** ist meist **nicht möglich**.

#### a) Konjunktiv Präsens Aktiv

Den **Konjunktiv Präsens Aktiv** erkennt man am **Modus-Zeichen -e-/-a-/-i-**.

| amāre | | monēre | | esse | |
|---|---|---|---|---|---|
| am- | **e**-m | mon- | e-**a**-m | s- | **i**-m |
| | **ē**-s | | e-**ā**-s | | **ī**-s |
| | **e**-t | | e-**a**-t | | **i**-t |
| | **ḗ**-mus | | e-**ā́**-mus | | **ī**-mus |
| | **ḗ**-tis | | e-**ā́**-tis | | **ī**-tis |
| | **e**-nt | | e-**a**-nt | | **i**-nt |

| | |
|---|---|
| Sciō, cūr nōn **veniat**. | Ich weiß, warum er nicht **kommt**. |
| **Vīvāmus** atque **amēmus**! | **Lass(t) uns leben** und **lieben**! |
| **Sit** deus tēcum! | Gott **sei** mit dir! |

**-e-**
**-a-**
**-i-**
Konjunktiv Präsens Aktiv

*Schema aller Konjugationen* ↗ *Tab. VI$_{1.1}$, S. 77*

#### b) Konjunktiv Perfekt Aktiv

Den **Konjunktiv Perfekt Aktiv** erkennt man am **Modus-Zeichen -eri-**.

| amāv- | |
|---|---|
| | **eri**-m |
| | **eri**-s |
| | **eri**-t |
| | **éri**-mus |
| | **éri**-tis |
| | **eri**-nt |

| Bedeutungsteil | Signalteil: Modus-Zeichen | Signalteil: Person-Zeichen |
|---|---|---|
| amā́v, monú, aspéx, cēp, déd, dēscénd, fú | **eri** | t |
| Perfekt-Aktiv-Stamm | | |

| | |
|---|---|
| Dīc, cūr nōn **vēneris**! | Sag, warum du nicht **gekommen bist**! |

**-eri-**
Konjunktiv Perfekt Aktiv

*Schema aller Konjugationen* ↗ *Tab. VI$_{2.1}$, S. 79*

13

#### c) Konjunktiv Imperfekt Aktiv

Den **Konjunktiv Imperfekt Aktiv** erkennt man am **Modus-Zeichen -re-/-se-**.

| | | | lieben | | | |
|---|---|---|---|---|---|---|
| am- | ā-**re**-m | ich **würde** | | es- | **se**-m | ich **wäre** |
| | ā-**rē**-s | du **würdest** | | | **sē**-s | du **wärest** |
| | ā-**re**-t | er/sie/es **würde** | | | **se**-t | er/sie/es **wäre** |
| | ā-**ré**-mus | wir **würden** | | | **sé**-mus | wir **wären** |
| | ā-**ré**-tis | ihr **würdet** | | | **sé**-tis | ihr **wäret** |
| | ā-**re**-nt | sie **würden** | | | **se**-nt | sie **wären** |

| | |
|---|---|
| Tē **iuvārem**, sī tibī auxiliō opus **esset**. | **Ich würde** dir **helfen**, wenn du Hilfe nötig **hättest**. |
| Tē iūvī, cum auxiliō tibī opus **esset**. | Ich half dir, da du Hilfe nötig **hattest**. |

**-re-**
**-se-**
Konjunktiv Imperfekt Aktiv

*Schema aller Konjugationen* ↗ *Tab. VI$_{1.1}$, S. 77*

13 **d) Konjunktiv Plusquamperfekt Aktiv**

Den **Konjunktiv Plusquamperfekt Aktiv** erkennt man am **Modus-Zeichen -isse-**.

| | | | |
|---|---|---|---|
| amāv- | isse-m | ich **hätte** | geliebt |
| | issē-s | du **hättest** | |
| | isse-t | er/sie/es **hätte** | |
| | issḗ-mus | wir **hätten** | |
| | issḗ-tis | ihr **hättet** | |
| | isse-nt | sie **hätten** | |

| Bedeutungsteil | Signalteil: Modus-Zeichen | Signalteil: Person-Zeichen |
|---|---|---|
| amāv- / monu- / aspex- / cēp- / ded- / dēscend- / fu- | íssé | -t |
| Perfekt-Aktiv-Stamm | | |

| | |
|---|---|
| Si tacuissēs, philosophus **mānsissēs**. | Wenn du **geschwiegen hättest**, **wärest du** ein Philosoph **geblieben**. |
| Tacēbam, cum timēre **coepissem**. | Ich schwieg, da ich Angst **bekommen hatte**. |

**-isse-**
Konjunktiv Plusquamperfekt Aktiv

*Schema aller Konjugationen ↗ Tab. VI$_{2.1}$, S. 79*

11 13 **1.2 Formen des Konjunktiv Passiv**

**a) Konjunktiv Präsens – Imperfekt**

Den **Konjunktiv Präsens** und **Imperfekt Passiv** erkennt man an den gleichen **Modus-Zeichen**, mit denen die entsprechenden Formen des **Aktivs** gebildet sind.

11 ▸ **Konjunktiv Präsens Passiv (Modus-Zeichen -e-/-a-)**

| Bedeutungsteil | Signalteil: Kenn-vokal | Modus-Zeichen | Person-Zeichen |
|---|---|---|---|
| am | | e | r (< *a-er) |
| mon | e | ḗ | ris |
| dūc | | ā́ | ntur |
| Präsens-Stamm | | | |

| | |
|---|---|
| aud- | i-a-r |
| | i-ā́-ris |
| | i-ā́-tur |
| | i-ā́-mur |
| | i-ā́-minī |
| | i-ā́-ntur |

| | |
|---|---|
| Dēliberā, unde nōbīs auxilium **mittātur!** | Überlege, woher uns Hilfe **geschickt wird** (werden könnte)! |

*Schema aller Konjugationen ↗ Tab. VI$_{1.2}$, S. 78*

13 ▸ **Konjunktiv Imperfekt Passiv (Modus-Zeichen -re-)**

| Bedeutungsteil | Signalteil: Kenn-vokal | Binde-vokal | Modus-Zeichen | Person-Zeichen |
|---|---|---|---|---|
| am | ā | | re | r |
| mon | ē | | ré | tur |
| dūc | | e | ré | minī |
| Präsens-Stamm | | | | |

| | | |
|---|---|---|
| aud- | ī-re-r | ich |
| | ī-ré-ris | **würde** |
| | ī-ré-tur | gehört |
| | ī-ré-mur | **werden** |
| | ī-ré-minī | |
| | ī-ré-ntur | *usw.* |

| | |
|---|---|
| Diū perīculum erat, nē Gallia ā Germānīs **vāstārētur**. | Lange bestand die Gefahr, dass Gallien von den Germanen **verwüstet würde**. |

*Schema aller Konjugationen ↗ Tab. VI$_{1.2}$, S. 78*

11 13 **b) Konjunktiv Perfekt – Plusquamperfekt**

Den **Konjunktiv Perfekt** und **Plusquamperfekt Passiv** erkennt man an den **Konjunktivformen des Hilfsverbs *esse*** in Verbindung mit dem **PPP** (↗ II A 2.7, S. 35).

▸ **Konjunktiv Perfekt Passiv**

| | |
|---|---|
| amātus/-a | **sim** |
| | **sīs** |
| | **sit** |
| amātī/-ae | **sīmus** |
| | **sītis** |
| | **sint** |

amāt- / audīt- / relict- / miss- / puls- / rīs- / quaesīt- → **-us/-a/-um sit**

| | |
|---|---|
| Scīsne, quō annō Rōma **condita sit**? | Weißt du, in welchem Jahr Rom **gegründet worden ist**? |

*Schema aller Konjugationen ↗ Tab. VI$_{2.2}$, S. 80*

▸ **Konjunktiv Plusquamperfekt Passiv**

| | | |
|---|---|---|
| amātus/-a | **essem** | ich |
| | **essēs** | **wäre** |
| | **esset** | geliebt |
| amātī/-ae | **essḗmus** | **worden** |
| | **essḗtis** | |
| | **essent** | *usw.* |

amāt- / audīt- / relict- / miss- / puls- / rīs- / quaesīt- → **-us-/-a/-um esset**

| | |
|---|---|
| Cum Rōma **condita esset**, Rōmānī imperium augēre studuērunt. | Als Rom **gegründet worden war**, strebten die Römer danach, ihre Herrschaft zu vergrößern. |

*Schema aller Konjugationen ↗ Tab. VI$_{2.2}$, S. 80*

## 1.3 Futur II Aktiv und Passiv

**a)** Das **Futur II Aktiv** erkennt man am **Tempus-Zeichen -er-/-eri-**, das an den **Perfekt-Aktiv-Stamm** angefügt ist.

amāv- + **er**-ō, **eri**-s, **eri**-t, **éri**-mus, **éri**-tis, **eri**-nt

| **Bedeutungsteil** | **Signalteil** Modus-Zeichen | Person-Zeichen |
|---|---|---|
| amāv, monú, aspéx, cēp, dēscénd, fú | **eri** | t |
| Perfekt-Aktiv-Stamm | | |

| | |
|---|---|
| Sī **viceritis**, omnēs gaudēbunt. | Wenn ihr **(gesiegt habt) siegt**, werden sich alle freuen. |

**-er-**
**-eri-**
Futur II

*Beachte:*
Nur in der **1. P. Sg.** unterscheiden sich die Formen des **Futur II** von denen des **Konjunktiv Perfekt**.

*Schema aller Konjugationen ↗ Tab. $VI_{2.1}$, S. 79*

**b)** Das **Futur II Passiv** erkennt man an den Formen des **Partizip Perfekt Passiv (PPP)** auf **-t-us/-a/-um** oder **-s-us/-a/-um** in Verbindung mit den Formen des Futurs von ***esse*** (**erō/eris/erit …**), z. B.:

| | |
|---|---|
| amā**tus erit** < amāre | rī**sus erit** < rīdēre |
| móni**tus erit** < monēre | cap**tus erit** < capere |
| relic**tus erit** < relinquere | pul**sus erit** < pellere |

| | |
|---|---|
| Sī urbs **servāta erit**, cīvēs nōn fugient. | Wenn die Stadt **gerettet ist**, werden die Bürger nicht fliehen. |

*Schema aller Konjugationen ↗ Tab. $VI_{2.2}$, S. 80*

## 1.4 *posse*

**a) Formen des Präsens-Stammes**

| Präsens Indikativ | | Präsens Konjunktiv | Imprefekt Indikativ | Imprefekt Konjunktiv | Futur |
|---|---|---|---|---|---|
| **pos**-sum | ich kann | **pos**-sim | **pót**-eram ich | **pos**-sem ich | **pót**-erō ich werde |
| **pot**-es | du kannst | **pos**-sīs | **pót**-erās konnte | **pos**-sēs könnte | **pót**-eris können |
| **pot**-est | er/sie/es kann | *usw.* | *usw.* | *usw.* | *usw.* |
| **pos**-sumus | wir können | | | | |
| **pot**-estis | ihr könnt | | | | |
| **pos**-sunt | sie können | | | | |

| Infinitiv |
|---|
| **pos**-se |

*Konjugationsschema ↗ Tab. $X_{1.1}$, S. 88*

**b) Formen des Perfekt-Aktiv-Stammes**

| | | | |
|---|---|---|---|
| **potu** | ī | ich habe … können/gekonnt | (Indikativ Perfekt) |
| | erim | *(Übersetzung kontextabhängig)* | (Konjunktiv Perfekt) |
| | eram | ich hatte … können/gekonnt | (Indikativ Plusquamperfekt) |
| | issem | ich hätte … können/gekonnt | (Konjunktiv Plusquamperfekt) |
| | erō | *(Übersetzung kontextabhängig)* | (Futur II) |
| | isse | gekonnt (zu) haben | (Infinitiv Perfekt) |

# 2 Nomen

## 11 2.1 Partizip Präsens Aktiv

Das **Partizip Präsens Aktiv (PPrA)** erkennt man am **Bildungselement -nt-** (N. Sg. **-ns**):

| | | |
|---|---|---|
| amāre | amā-**ns** (< *nts) | N. Sg. |
| monēre | mone-**nt**-is | G. Sg. |
| audīre | audi-*e***nt**-e | Abl. Sg. |
| facere | faci-*e***nt**-ēs | N. Pl. |
| dīcere | dīc-*e***nt**-ium | G. Pl. |

**-nt-**
Partizip Präsens

### ▶ Deklinationsschema

| | **amāns, -ntis** *liebend* | | | |
|---|---|---|---|---|
| | Singular m/f | Singular n | Plural m/f | Plural n |
| N. | amāns | amāns | amantēs | amantia |
| G. | amantis | amantis | amantium | amantium |
| D. | amantī | amantī | amantibus | amantibus |
| Akk. | amantem | amāns | amantēs | amantia |
| Abl. | amante | amante | amantibus | amantibus |

Die **Deklination des Partizip Präsens Aktiv (PPrA)** stimmt mit der der **‚einendigen' Adjektive** der **Adjektivgruppe II** (↗ II A 2.4, S. 32: *prūdēns, -ntis*) überein. Ausnahme: **Abl. Sg.: -e.**

*Zur Verwendung des Partizip Präsens Aktiv (PPrA) ↗ III B 2.1–2.6, S. 50 f.*

## 15 2.2 Partizip Futur Aktiv

Das **Partizip Futur Aktiv (PFA)** erkennt man am **Bildungselement -ur-**, das an den **PPP-Stamm** angefügt ist.

| | | | |
|---|---|---|---|
| amāre | amāt-**ūr-us/-a/-um** | rīdēre | rīs-**ūr-us/-a/-um** |
| audīre | audīt-**ūr-us/-a/-um** | mittere | miss-**ūr-us/-a/-um** |
| relinquere | relict-**ūr-us/-a/-um** | pellere | puls-**ūr-us/-a/-um** |
| capere | capt-**ūr-us/-a/-um** | | |
| esse | fut-**ūr-us/-a/-um** | | |

| | |
|---|---|
| amāt**ūr**us | einer, **der** lieben **wird/will** |

**-ur-**
Partizip Futur

Die **Deklination** des **Partizip Futur Aktiv** stimmt mit der der Adjektive der **Adjektivgruppe I** (↗ I A 2.3 b, S. 20) überein.

Das **Partizip Futur Aktiv** bezeichnet
- den **Infinitiv Futur** in Verbindung mit der **Copula *esse*** *(zur Verwendung ↗ III B 4.1/3 a, S. 54 f.)*,
- das **Partizip der Nachzeitigkeit** *(zur Verwendung ↗ III B 4.2/3 b, S. 54 f.)*.

| | |
|---|---|
| Cīvēs audīvērunt victōrēs in urbem **ventūrōs esse**. | Die Bürger hörten, dass die Sieger in die Stadt **kommen würden**. |
| Athlētae[1] in Graeciam veniēbant Olympiīs[1] **victūrī**. | Die Athleten kamen nach Griechenland **um** bei den Olympischen Spielen **zu siegen**. |

## 14 2.3 Gerundium und Gerundivum

a) Das **Gerundium** ist ein **Verbalsubstantiv**, das im **Genitiv**, (selten) im **Dativ**, im **Akkusativ** (nur in Verbindung mit *ad*) und im **Ablativ Singular** erscheint.
Man erkennt das **Gerundium** am **Bildungselement -nd-** und dem **Signalteil** der **o-Deklination** (Sg.).

| | | | |
|---|---|---|---|
| | amāre | | fugere |
| | ama-**nd**-ī | | fugi-*e***nd**-ī |
| | (ama-**nd**-ō) | | (fugi-*e***nd**-ō) |
| amāre/ad | ama-**nd**-um | fugere/ad | fugi-*e***nd**-um |
| (in) | ama-**nd**-ō | (in) | fugi-*e***nd**-ō |

**-nd-**
Gerundium/ Gerundivum

*Zur Verwendung und Übersetzung des Gerundiums ↗ III B 3.1, S. 53*

14

b) Das **Gerundivum** ist ein **Verbaladjektiv**, das meist mit einem **Substantiv** in **KNG-Kongruenz** übereinstimmt.
Man erkennt das **Gerundivum** am **Bildungselement -nd-** und dem **Signalteil** der **Adjektivgruppe I -us/-a/-um** (Sg. u. Pl., ↗ I A 2.3 b, S. 20).

| | | | |
|---|---|---|---|
| ama-**nd**-us/-a/-um | rīde-**nd**-us/-a/-um | reg-*e***nd**-us/-a/-um | fugi-*e***nd**-us/-a/-um |

15

## 2.4 Steigerung der Adjektive

### a) Bildung

| |
|---|
| **-ior-/ -ius** Komparativ |
| **-issim-/ -rim-** Superlativ |
| Steigerung |

- Bei der **regelmäßigen Steigerung** tritt an den Bedeutungsteil des Adjektivs im
  - **Komparativ** das **Bildungselement -ior-/-ius** (dekliniert wie imperāt**or** / imperāt**ōris** – temp**us** / temp**oris**),
  - **Superlativ** das **Bildungselement -issim-/-rim-** mit dem Signalteil der Adjektivgruppe I.
- Bei der **unregelmäßigen Steigerung** ist im Komparativ und Superlativ der **Bedeutungsteil** entweder **verändert** (z. B. ***mā**gnus*, ***mā**ior*, ***mā**ximus*) oder durch einen anderen **ersetzt** (z. B. ***mult**ī*, ***plūr**ēs*, ***plūr**imī*).

| regelmäßig | | | unregelmäßig | |
|---|---|---|---|---|
| ① lāt-us | pulcher | fort-is | māgnus | multī |
| ② lāt-**ior** | pulchr-**ior** | fort-**ior** | mā**ior** | plūrēs |
| ③ lāt-**issimus** | pulcher-**rimus** | fort-**issimus** | mā**ximus** | plūrimī |
| ① breit | schön | tapfer | groß | viele |
| ② breiter | schöner | tapferer | größer | mehr |
| ③ am breitesten | am schönsten | am tapfersten | am größten | die meisten |

*Vollständige Tabelle* *↗ IV, S. 76*

### b) Verwendung

- Die **Formen des Komparativs** und des **Superlativs** sind in der Regel in **Vergleichen** verwendet; dabei zeigt ***quam*** beim **Komparativ** den **Vergleich** an.

| | |
|---|---|
| Quis **pulchrior** erat **quam** Venus? | Wer war **schöner als** Venus? |

- Manchmal finden sie sich auch **ohne Vergleichsgegenstand**. Der **Komparativ** dient dann zum Ausdruck einer **Verstärkung** oder **Abmilderung** einer Eigenschaft.

| | |
|---|---|
| perīculum **māius** | eine **zu hohe / ziemlich große** Gefahr |
| iūdicium **ācrius** | ein **recht / ziemlich scharfes** Urteil |

Der **Superlativ** dient dann zum Ausdruck des **sehr hohen Grades** einer Eigenschaft.

| | |
|---|---|
| perīculum **māximum** | eine **sehr / überaus große** Gefahr |
| vir **prūdentissimus** | eine **sehr kluger / blitzgescheiter** Mann |

13

## 2.5 Adverb

### a) Bildung

Adverbien sind entweder **erstarrte Wortprägungen** oder **aus Adjektiven geschaffene Wortbildungen**.

- **Erstarrte Wortprägungen:**

| | | | | | | |
|---|---|---|---|---|---|---|
| *z. B.* | **subitō** | plötzlich | **diū** | lange | **iterum** | wiederum |
| | **nunc** | jetzt | **ibī** | dort | **plērumque** | meist |

13 ▸ **Aus Adjektiven geschaffene Wortbildungen:**

| Adjektivgrupe I | | | Adjektivgrupe II | | |
|---|---|---|---|---|---|
| *z. B.* (certus) **cert** | **ē** | sicher(lich) | *z. B.* (crūdēlis) **crūdēl** | **iter** | grausam, auf grausame Weise |
| (līber) **līber** | **ē** | frei(mütig) | (vehemēns) **vehement** | **er** | stark, auf heftige Art |

15 **b) Steigerung**

Das Adverb tritt auch in den Steigerungsstufen auf:

| | | |
|---|---|---|
| **Komparativ** | **celerius** cēdere quam … | **schneller** gehen als … |
| | **fortius** pūgnāre | **tapferer** kämpfen |
| | **brevius** scrībere | **recht/ziemlich** kurz schreiben |
| **Superlativ** | **celerrimē** currere | **am schnellsten/sehr schnell** laufen |
| | **māximē** timēre | **sehr stark/am meisten** fürchten |
| | *quam* **brevissimē** dīcere | *möglichst* **kurz** reden |

## 2.6 Indefinit-Pronomina

Zu den **Indefinit-Pronomina** („unbestimmte Fürwörter") zählen:

**a) aliquis – quisquam** (substantivisch)

**irgendwer/-was – jemand/etwas**

**ali** [quis / quid; cuius; cui; quem / quid; quō] **quam**

| | |
|---|---|
| ① **Aliquis** dīxit … | **Jemand** hat behauptet … |
| ② Sī **quis** putat … | Wenn **jemand** glaubt … |
| ③ Neque **quisquam** tacet … | Und **niemand** (nicht jemand) schweigt … |
| ④ Negō **quemquam** … | Ich behaupte, dass **niemand** (nicht jemand) … |

– **aliquis/aliquid** erscheint in Sätzen mit bejahender Aussage ①.
– **quis/quid** (ohne *ali-*) lehnt sich an Wörter an wie z. B. *sī, nisī, nē, num, cum* usw. ②.
– **quisquam/quidquam (quicquam)** erscheint nur in **verneinten Sätzen** *(neque, negō)* ③ ④.

**b) aliquī/aliqua/aliquod** (adjektivisch)

**irgendein**

| | | |
|---|---|---|
| aliquī | aliqua | aliquod |
| | alicuius | |
| | alicui | |
| aliquem | aliquam | aliquod |
| aliquō | aliquā | aliquō |

| | |
|---|---|
| **Aliqua memoria** semper manet. | **Irgendeine Erinnerung** bleibt immer. |

*Pl.*: aliquī aliquae aliqua *usw.*

**c) quisque/quidque**

**jeder/jedes**

| | | |
|---|---|---|
| quisque | | quidque |
| | cuiusque | |
| | cuique | |
| quemque | | quidque |
| | quōque | |

| | |
|---|---|
| ① Suum **cuique**! | **Jedem** das Seine! |
| ② **Unumquidque** placeat! | **Jedes Einzelne** soll gefallen! |

**quisque/quidque** lehnt sich an **Stützwörter** an, z. B. an **Pronomina** ① oder an ***ūnus*** ②.

14 **2.7 Numerale: Ordnungszahlen** (↗ *Tab.* III, S. 75)

# B Lehre vom Satz

## 1 Verwendung des Konjunktivs



### 1.1 im Hauptsatz

| | | |
|---|---|---|
| **Konjunktiv Präsens** | | |
| **Dīcat** aliquis … | **Es könnte** einer **sagen** … | **Aussage** über eine **Möglichkeit** |
| Statim **veniās**! | **Komm doch** sofort! | **Wunsch** an die 2. P. Sg. oder Pl. |
| **Nē taceātis!** | **Schweigt bitte nicht!** | |
| **Taceat!** | **Er soll schweigen!** | **Befehl** an die 3. P. Sg. oder Pl. |
| **Nē sīmus** inīquī! | **Lasst uns nicht/Wollen wir nicht** ungerecht **sein**! | **Aufforderung** an die 1. P. Pl. |
| Quid **faciam**? | Was **soll ich tun**? | **Überlegende Frage** an die 1. P. Sg. oder Pl. |
| Quō **fugiāmus**? | Wohin **sollen wir fliehen**? | |
| **Konjunktiv Perfekt** | | |
| **Nē timueris!** | **Fürchte dich nicht!** | **Verbot** an die 2. P. Sg. oder Pl. |
| **Nē** mē **relīqueritis!** | **Verlasst** mich **nicht!** | |

### 1.2 im Gliedsatz

**a) Erscheinungsformen**

| | | |
|---|---|---|
| **Gliedsatz im Konjunktiv Präsens und Imperfekt** | | |
| Rogō (Rogāvī) tē, **ut** mē **iuvēs (iuvārēs)**/ **nē** mē **dēspiciās (dēspicerēs)**. | Ich bitte (bat) dich, **dass du** mich **unterstützt** (mich **zu unterstützen**)/ **dass du** mich **nicht verachtest** (mich **nicht zu verachten**). | **Abhängiger Begehrsatz** (als Objekt) |
| Timeō (Timēbam), **nē**[1] mē **relinquās (relinquerēs)**. | Ich fürchte (fürchtete), **dass du** mich **verlässt**. | [1](↗ IV B 5.2, S. 68) |
| **Ubi** fīnēs **sint (essent)**, certum nōn est (erat). | **Wo** die Grenzen **sind (waren)**, ist (war) nicht sicher. | **Abhängiger Fragesatz** (als Subjekt) |
| Rōmānī bella parant (parābant), **ut** pācem **habeant (habērent)**. | Die Römer rüsten (rüsteten) zum Krieg, **damit sie** Frieden **haben (hatten)** (um Frieden **zu haben**). | **Finalsatz** (als Adverbiale) |
| Timor meus tantus est (erat), **ut** nōn **maneam (manērem)**. | Meine Furcht ist (war) so groß, **dass** ich nicht **bleibe (blieb)**. | **Konsekutivsatz** (als Adverbiale) |
| Amīcus mē iuvat (iūvit), **cum** miser **sim (essem)**. | Der Freund hilft (half) mir, **da** es mir schlecht **geht (ging)**. | **Kausalsatz** (als Adverbiale) |
| **Gliedsatz im Konjunktiv Perfekt und Plusquamperfekt** | | |
| Quaerō (quaesīvī), cūr nōn **vēneris (vēnissēs)**. | Ich frage (fragte), **warum** du nicht **gekommen bist**. | **Abhängiger Fragesatz** (als Objekt) |
| Fugiunt (Fūgērunt), **cum** urbs **dēlēta sit (esset)**. | Sie fliehen (flohen), **als** die Stadt **zerstört worden ist (worden war)**. | **Temporalsatz** (als Adverbiale) |

11 **b) Syntaktische Funktionen der Gliedsätze**

| *GS als Subjekt* | *GS als Objekt* | *GS als Adverbiale* |
|---|---|---|
| Ubī fīnēs sint, certum nōn est. | Rogō, ut me iuvēs. | Amīcus mē iūvit, cum miser essem. |

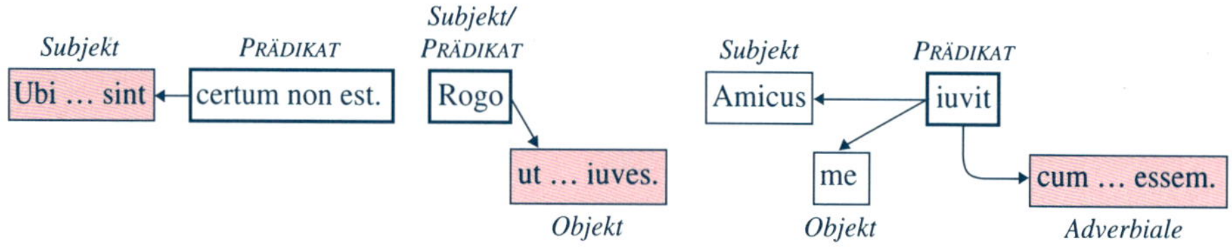


13 **c) Zeitverhältnisse im konjunktivischen Gliedsatz**

| Hauptsatz | Gliedsatz | |
|---|---|---|
| ***Präsens/Futur I*** | ***Konj. Präsens*** | **Gleichzeitigkeit** |
| **Rogō/ Rogābō** tē, | ut statim **veniās.** | |
| Ich bitte dich/ werde dich bitten, | dass du sofort **kommst** (sofort zu kommen). | |
| ***Imperfekt/Perfekt*** | ***Konj. Imperfekt*** | |
| **Rogābam/Rogāvī** tē, | **nē tacērēs.** | |
| Ich bat dich/habe dich gebeten, | dass du nicht **schweigst** (nicht zu schweigen). | |
| ***Präsens/Futur I*** | ***Konj. Perfekt*** | **Vorzeitigkeit** |
| **Ignōrāmus/Ignōrābimus,** | cūr beātī nōn **fueritis.** | |
| Wir wissen nicht/werden nicht wissen, | warum ihr nicht glücklich **gewesen seid.** | |
| ***Imperfekt/Perfekt*** | ***Konj. Plusquamperfekt*** | |
| Omnēs laetī **erant/fuērunt,** | cum pāx **facta esset.** | |
| Alle waren froh, | als Frieden **geschlossen (worden) war.** | |

## 1.3 im Haupt- und Gliedsatz

| **Konjunktiv Imperfekt** | | |
|---|---|---|
| **Sī** hoc **scīrem, dīcerem.** | **Wenn** ich das **wüsste, würde** ich es **sagen.** | **Kondizionalsatz:** Irrealis der Gegenwart |
| **Konjunktiv Plusquamperfekt** | | |
| **Sī** hoc **scīvissem, dīxissem.** | **Wenn** ich das **gewusst hätte, hätte** ich es **gesagt.** | **Kondizionalsatz:** Irrealis der Vergangenheit |

12

# 2 Die Konstruktion des Ablativus absolutus

## 2.1 Bestimmung

Als **Ablativus absolutus (Abl. abs.)** bezeichnet man die Verbindung eines **Nomens im Ablativ** mit einem **Partizip im Ablativ (KNG-Kongruenz)**.

Der Begriff „Ablativus absolutus" erklärt sich daraus, dass hier das Nomen im Ablativ für sich im Satz keine syntaktische Funktion hat, also gewissermaßen vom Satz „losgelöst" („absolut") ist. Erst die Einheit „Ablativ mit Partizip" stellt eine syntaktisch vollständige Ergänzung zum Prädikat dar.

## 2.2 Syntaktische Funktion

Der **Ablativus absolutus** erfüllt wie das Participium coniunctum (PC ↗ II B 2.2, S. 38) die **syntaktische Funktion** des **Adverbiales**.

### a) Partizip Präsens Aktiv: Gleichzeitigkeit

**PC**

Cīvēs **Rōmulum** iūstē **rēgnantem** amābant.

*Satzmodell:*

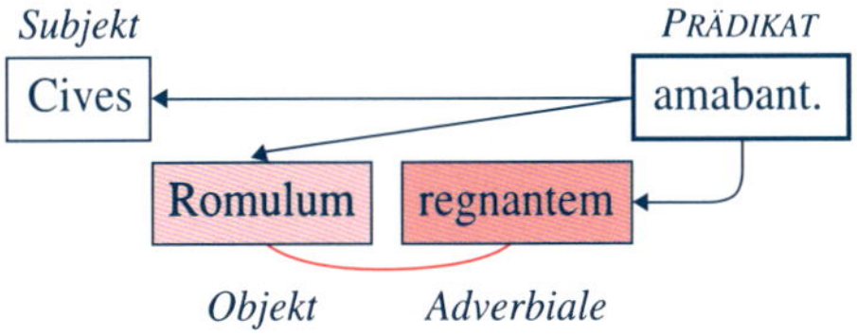


Die Bürger liebten **Romulus**,
weil **er** gerecht **herrschte**
(wegen **seiner gerechten Herrschaft**).

**Abl. abs.**

Cīvēs **Rōmulō** iūstē **rēgnante** quiētī erant.

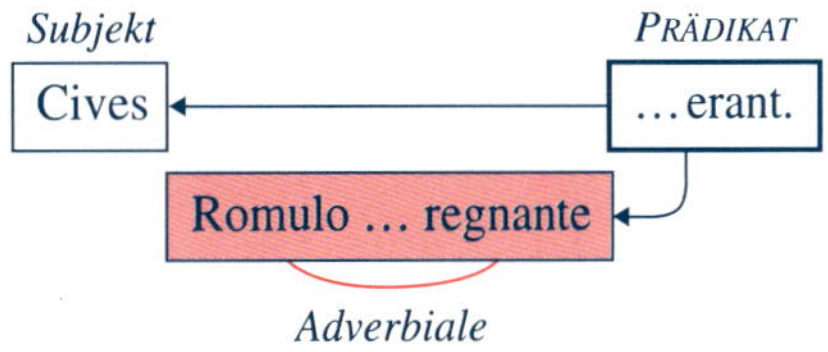


Die Bürger verhielten sich ruhig,
weil **Romulus** gerecht **herrschte**
(wegen **der gerechten Herrschaft des Romulus**).

### b) Partizip Perfekt Passiv: Vorzeitigkeit

**PC**

Cīvēs **urbem conditam** statim amāvērunt.

*Satzmodell:*

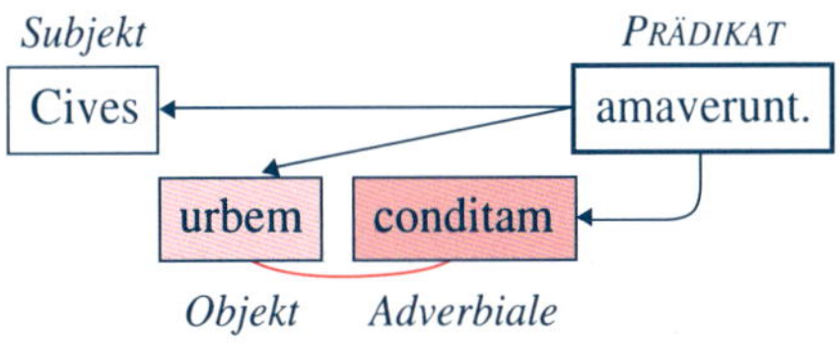


Die Bürger liebten **die Stadt** sogleich,
als **sie gegründet war**
(sofort **nach ihrer Gründung**).

**Abl. abs.**

Cīvēs **urbe conditā** quiētī erant.

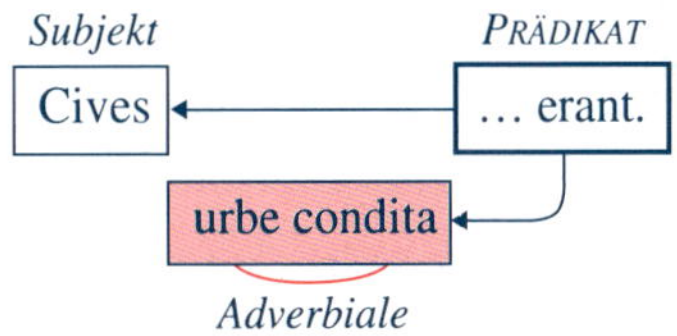


Die Bürger verhielten sich ruhig,
als **die Stadt gegründet war**
**(nach der Gründung der Stadt).**

## 2.3 Satzwertigkeit

Da der **Abl. abs.** eine einem Gliedsatz entsprechende Aussage enthält, bezeichnet man diese Konstruktion als **satzwertig**.

| | | |
|---|---|---|
| Cīvēs | **Rōmulō rēgnante**<br>**, cum Rōmulus rēgnāret,** | quiētī erant, |

| | | |
|---|---|---|
| Die Bürger verhielten sich | **unter Romulus' Herrschaft**<br>**, als Romulus herrschte,** | ruhig. |

## 2.4 Ablativus absolutus: Nominale Wendungen

In einigen Wendungen steht beim **Abl. abs.** statt des Partizips ein **Nomen**, z. B.:

| | | | |
|---|---|---|---|
| Rōmulō rēgnante | ~ | **Rōmulō rēge** | unter der Königsherrschaft des Romulus |
| Rōmānīs dūcentibus | ~ | **Rōmānīs dūcibus** | unter der Führung der Römer |
| | | **cīvitāte salvā** | solange der Staat in Ordnung ist/war |

## 2.5 Wiedergabe des Ablativus absolutus (↗ III B 2.6, S. 52)

Der **Abl. abs.** kann im Deutschen **auf dreifache Weise** wiedergegeben werden, und zwar durch

| | |
|---|---|
| 1. **Unterordnung** (adverbialer Gliedsatz): | **..., als die Stadt gegründet war.** |
| 2. **präpositionale Verbindung**: | **... nach der Gründung der Stadt.** |
| 3. **Beiordnung** (Hauptsatz mit Konjunktion und/oder Adverb): | **Die Stadt war gegründet worden; daraufhin ...** |

12

Bei Wiedergabe mit einem **adverbialen Gliedsatz** empfiehlt sich folgende **Umbauregel**:

| **Abl. abs.** | | **Adverbialer Gliedsatz** | |
|---|---|---|---|
| *Nomen im Abl.* *Partizip im Abl.*<br>Rōmulō rēgnante<br>Urbe conditā | cīvēs quiētī erant. | *Subjekt* *Prädikat*<br>Als Romulus herrschte,<br>Als die Stadt gegründet war, | verhielten sich die Bürger ruhig. |
| LATEINISCH ⟹ | | DEUTSCH | |

## 2.6 Ablativus absolutus – Participium coniunctum (Zusammenfassung)

Wie beim **PC** kommt dem **Abl. abs.** neben der **syntaktischen Funktion** auch eine **semantische Funktion** zu. Der Abl. abs. kann **dieselben Sinnrichtungen** wie das **PC** ausdrücken (↗ II B 2.2 c, S. 38).

| | SINNRICHTUNGEN | | | | |
|---|---|---|---|---|---|
| | temporal | kausal | modal | konzessiv | kondizional |
| PARTICIPIUM CONIUNCTUM | Rōmam **videntēs/** In urbem **ductī** gaudēbāmus. | Pācem **accipientēs/** Bellō **līberātī**[!] beātī sumus. | Multī **lūdentēs/** Lūdīs **dēditī**[!] vītam agunt. | Multum **timentēs/** Timōribus **oppressī** hoc prō amīcīs gessimus. | Nova semper **inveniēns/**Inventor[!] **appellātus** clārus eris. |
| | **Beim Anblick** Roms/**Als wir** in die Stadt **geführt worden waren,** freuten wir uns. | **Da wir** den Frieden **bekommen/** vom Krieg **befreit sind,** sind wir glücklich. | Viele verbringen **mit Spielen/** dem Spiel **ergeben** ihr Leben. | **Obwohl wir** viel **Angst hatten/** von Ängsten **bedrückt waren,** haben wir dies für die Freunde getan. | **Wenn du** immer Neues **erfindest/** zum Erfinder **ernannt bist,** wirst du berühmt sein. |
| ABLATIVUS ABSOLUTUS | **Athlētīs**[!] **in urbem venientibus/ Adventū āthlētārum**[!] **nūntiātō** multī plaudēbant. | **Pāce factā/ Bellō nōn iam imminente** quiētī sumus. | **Nūllō arcente** hostēs in urbem invāsērunt. | **Multīs perīculīs imminentibus** timōre vacābāmus. | **Māgnīs dīvitiīs com-parātīs** clārus, nōn beātus eris. |
| | **Als die Sportler in die Stadt kamen/Als die Ankunft der Sportler gemeldet worden war,** klatschten viele Beifall. | **Frieden ist geschlossen/ Kein Krieg droht mehr;** *deshalb* sind wir beruhigt. | **Ohne dass einer (sie) hinderte,** drangen die Feinde in die Stadt ein. | **Obwohl viele Gefahren drohten,** hatten wir keine Angst. **Viele Gefahren drohten;** *trotzdem* hatten wir keine Angst. | **Wenn (von dir) großer Reichtum angehäuft worden ist,** wirst du berühmt, aber nicht glücklich sein. |
| | ÜBERSETZUNGSMÖGLICHKEITEN (GZ= bei Gleichzeitigkeit – VY = bei Vorzeitigkeit) | | | | |
| Unterordnung | **GZ** während<br>**VZ** als/nachdem | da/weil | indem/wobei/ ohne dass (bei Verneinung) | obwohl/ wenn auch | wenn/falls |
| präp. Verb. | **GZ** während<br>**VZ** nach | wegen/ infolge | bei/unter | trotz | bei/im Falle |
| Beiordnung | **GZ** dabei<br>**VZ** daraufhin/dann | daher/ deshalb | dabei/dadurch | trotzdem/ dennoch | – |

# 3 Die Konstruktion des Gerundiums und des Gerundivum-V

## 3.1 Gerundium

### a) Verwendung

Das **Gerundium** drückt als **Verbalsubstantiv** (↗ III A 2.3 a, S. 46) einen **sich vollziehenden Vorgang** aus. Es erfüllt im Satz meist die **syntaktische Funktion** des **Adverbiales** oder des **Attributs**, gelegentlich auch die des **Objekts**.

| | |
|---|---|
| ① **Legendō** memoriam augeō. | **Durch Lesen/Indem ich lese,** fördere ich mein Gedächtnis. |
| ② Cōnsilium **studendī** cēpī. | Ich fasste den Plan **zu studieren.** |
| ③ Cupidissimus sum **quaerendī.** | Ich habe größte Lust **zu forschen/auf Forschen.** |
| ④ **Sciendī causā** studeō. | **Des Wissens wegen/Um (etwas) zu wissen** studiere ich. |

Das **Gerundium** ist häufig mit **‚Objekt'** und/oder **‚Adverbiale'** verbunden.

| | |
|---|---|
| ars *litterās* **scrībendī** | die Kunst *einen Brief* **zu schreiben** |
| cupiditās *brevī cum amīcīs Rōmam* **veniendī** | der Wunsch *bald mit den Freunden nach Rom* **zu kommen** |

### b) Wiedergabe im Deutschen

Das **Gerundium** lässt sich wiedergeben mit
- einem **Vorgangssubstantiv** ① ③ ④,
- einem **Infinitiv** *(zu …)* ② ③,
- einem **erweiterten Infinitiv** *(um … zu)* bei *causā* ④,
- einem **adverbialen Gliedsatz** *(indem/wobei …)* beim Ablativ ①.

Bei Wiedergabe mit einem **Infinitiv** oder einem **Vorgangssubstantiv** empfiehlt sich folgende **Umbauregel**:

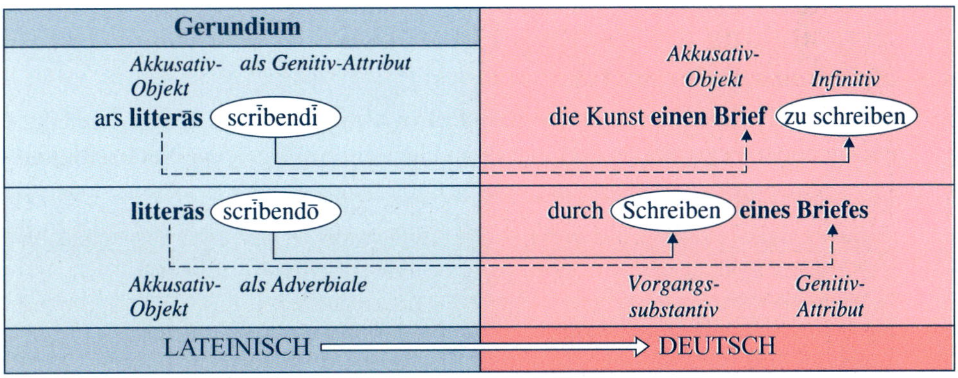


## 3.2 Gerundivum-V

### a) Verwendung

Als **Gerundivum-V** bezeichnet man die Verbindung eines **Nomens mit dem Gerundivum** (↗ III A 2.3 b, S. 47).

Diese Konstruktion drückt wie das Gerundium einen **sich vollziehenden Vorgang** aus.

Das **Gerundivum-V** erfüllt im Satz meist die **syntaktische Funktion** des **Adverbiales** oder des **Attributs**, gelegentlich auch die des **Objekts**.

14

| | |
|---|---|
| ① Sociī cōnsilium **urbis dēfendendae** cēpērunt. | Die Verbündeten fassten den Plan **die Stadt zu verteidigen.** / **zur Verteidigung der Stadt.** |
| ② **Cīvium servandōrum causā** ad urbem ac-cessērunt. | **Um die Bürger zu retten** / **Zur Rettung der Bürger** marschierten sie zur Stadt. |
| ③ **Auxiliō** *celeriter* **dandō** multōs cīvēs servāre studēbant. | **Durch** *schnelle* **Hilfeleistung** / **Indem sie** *schnell* **Hilfe leisteten,** bemühten sie sich viele Bürger zu retten. |
| ④ **Dē pāce faciendā** dēlīberāvērunt. | Sie dachten **über den Friedensschluss** nach. |

**b) Wiedergabe im Deutschen**

Das **Gerundivum-V** lässt sich wiedergeben mit

- einem **Vorgangssubstantiv** ① ② ③ ④,
- einem **Infinitiv** *(zu …)* ①,
- einem **erweiterten Infinitiv** *(um … zu)* bei *causā* ②,
- einem **adverbialen Gliedsatz** *(indem/wobei …)* ③.

Für die Wiedergabe des **Gerundivum-V** mit einem **Infinitiv** oder einem **Vorgangssubstantiv** empfiehlt sich folgende **Umbauregel**:

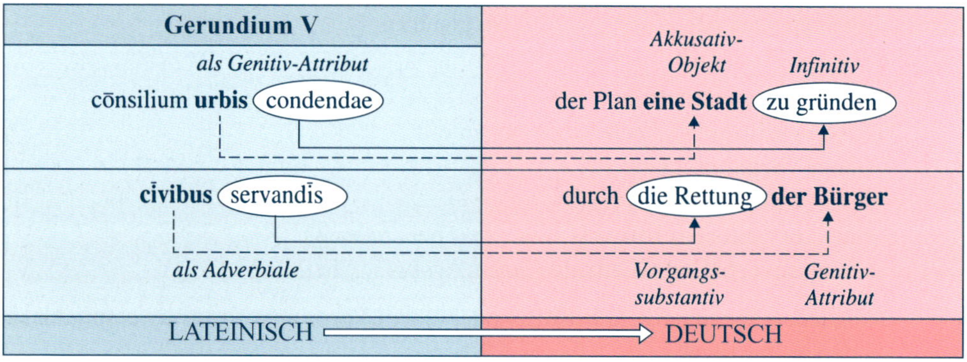


15

## 4 Verwendung des Partizip Futur Aktiv

### 4.1 als Infinitiv Futur im AcI

Der **Infinitiv Futur**, aus dem **Partizip Futur Aktiv** (↗ III A 2.2, S. 46) und der **Copula** *esse* gebildet, begegnet im **AcI** und dient hier zum Ausdruck der **Nachzeitigkeit**.

| | |
|---|---|
| Rōmānī putābant **omnēs Gallōs** imperiō suō brevī **servītūrōs esse.** | Die Römer glaubten, dass **alle Gallier** ihrer Herrschaft bald **unterworfen sein würden.** |
| Caesar spērābat **Germānōs quiētōs futūrōs esse/ quiētōs fore.** | Cäsar hoffte, dass **die Germanen sich ruhig verhalten würden.** |

Der **Infinitiv Futur** von *esse* lautet ***futūrum/-am/-um esse***. Dafür begegnet gelegentlich auch ***fore***.

### 4.2 als PC zum Ausdruck der Nachzeitigkeit

| | |
|---|---|
| **Caesar** exercitum ad Rhēnum flūmen dūxit in Germāniam **invāsūrus.** | Cäsar führte sein Heer zum Rhein **um** nach Germanien **vorzudringen** (**, weil er** nach Germanien vordringen **wollte**). |

## 4.3 Zeitverhältnisse (Zusammenfassung) 15

### a) im AcI

| Vorzeitigkeit | Gleichzeitigkeit | Nachzeitigkeit |
|---|---|---|
| Graecōs Trōiam **dēlēvisse**/ Trōiam ā Graecīs **dēlētam esse** cōnstat. | Graecī sciēbant Trōiānōs urbem fortiter **dēfendere**/urbem ā Trōiānīs fortiter **dēfendī**. | Aenēās crēdēbat deōs nōnnūllōs Trōiānōs **servātūrōs esse**. |
| Dass die Griechen Troja **zerstört haben**/ Dass Troja von den Griechen **zerstört worden ist**, steht fest. | Die Griechen wussten, dass die Trojaner die Stadt tapfer **verteidigten**/ dass die Stadt von den Trojanern tapfer **verteidigt wurde**. | Äneas glaubte, dass die Götter einige Trojaner **retten würden**. |

### b) in den Partizipialkonstruktionen

| | Vorzeitigkeit | Gleichzeitigkeit | Nachzeitigkeit |
|---|---|---|---|
| PC | Cīvēs Trōiam **dēlētam** relīquērunt. | Trōiānī ex urbe **fugientēs** auxilium ā deīs spērābant. | Trōiānī ex urbe fūgērunt salūtem **petītūrī**. |
| Abl. abs. | **Trōiā dēlētā** cīvēs fūgērunt. | **Trōiānīs fugientibus** Graecī urbem dēlēvērunt. | |
| | Die Bürger verließen Troja, **als es zerstört worden war**. | Die Trojaner erhofften, **als sie** aus der Stadt **flohen**, Hilfe von den Göttern. | Die Trojaner flohen aus der Stadt **um** Rettung **zu suchen**. |
| | **Als Troja zerstört worden war**, flohen die Bürger. | **Während** die Trojaner **flohen**, zerstörten die Griechen die Stadt. | |

# 5 Reflexiv-Pronomina im AcI

Die **Reflexiv-Pronomina SE, SIBI** (↗ II A 2.5 d, S. 35) und **SUUS/SUA/SUUM** im AcI beziehen sich meist auf das Subjekt des Satzes, in dem der AcI steht.

| | |
|---|---|
| **Caesar** putābat **sē** Gallōs cōpiīs **suīs** victūrum esse. | **Cäsar** glaubte, dass **er** mit **seinen** Truppen die Gallier besiegen werde. |
| **Rōmānī** dīcēbant **sibī** omnēs gentēs servīre. | **Die Römer** behaupteten, dass **ihnen** alle Völker untertan seien. |

# 6 Kasuslehre 12

Der **Dativ** wird häufig in unterschiedlicher semantischer Funktion nebeneinander verwendet. Er bezeichnet

**6.1** – die **Person, zu deren Vorteil** etwas geschieht: **Vorteils-Dativ (Dativus commodi**, ↗ I B 2.2, S. 24), und

**6.2** – die **Sache**, die das **Ziel** *(fīnis)* einer Handlung darstellt: **Ziel-Dativ (Dativus finalis)**.

Beide Erscheinungsformen des Dativs treten in der Regel zusammen auf.

| | |
|---|---|
| Rōmānī: *Cēterīs gentibus* **praesidiō** sumus. | Die Römer: Wir sind *für die übrigen Völker* **zum Schutz** da. |
| **Nē** sit *tibī* haec īra **damnō**! | Hoffentlich bringt *dir* dieser Zorn **keinen Schaden**! |
| Venīte *nōbīs* **auxiliō**! | Kommt *uns* **zu Hilfe**! |

# C Lehre vom Text

11/15 Texte verfolgen bestimmte Absichten; sie wollen entweder etwas **ausdrücken** oder etwas **objektiv darstellen** oder nachdrücklich an jemanden **appellieren**. Je nach ihrer Intention (Absicht) unterliegen die Texte unterschiedlichen Bedingungen und werden von bestimmten sprachlichen Mitteln vorherrschend bestimmt.
Man unterscheidet verschiedene **Textsorten**:

## 1 Erzählende Texte

14 **Erzählende Texte** haben entweder persönliche Erlebnisse des Erzählers oder vergangene Handlungen, Vorgänge und Ereignisse in der Form von Geschichten, Episoden Fabeln oder Sagen zum Thema. In der **Erlebniserzählung** tritt der Erzähler in den Vordergrund, in der **geschichtlichen Erzählung** bleibt er meistens im Hintergrund.
Die verwendeten **Tempora** sind **Perfekt** und **Präsens** als **historisches** oder **dramatisches Präsens**. Sie erfassen den **Geschehensvordergrund**. Der **Geschehenshintergrund** wird durch **Imperfekt** oder **Plusquamperfekt** gekennzeichnet. Vorherrschender **Modus** ist in der Regel der **Indikativ**.

## 2 Beschreibende Texte

15 **Beschreibende Texte** stellen erkennbare Merkmale von Personen, Sachen oder Erscheinungen in anschaulich nachvollziehbarer Form dar. In der **Personenbeschreibung** werden auffallende Merkmale oder Eigenschaften besonders durch Adjektive gekennzeichnet. **Sach- und Bildbeschreibung** suchen einen Gegenstand nach Form, Beschaffenheit und Funktion zu veranschaulichen und zu erklären. Das **Tempus** ist in der Regel das **Präsens**, der **Modus** der **Indikativ**.

## 3 Dialogisierte Texte

11 12 **Dialogisierte Texte** sind entweder das **Gespräch** oder der **Brief**.

**3.1** **Das Gespräch** (Dialog, Wechselrede) besteht aus mündlich gedachten Beiträgen von zwei oder mehreren Gesprächspartnern. Diese Beiträge sind in **Frage und Antwort** oder in **Rede und Gegenrede** aufeinander bezogen. Es herrschen die **1.** und **2. P. Sg.** oder **Pl.** vor. Das **Tempus** ist in der Regel entweder das **Präsens** oder das **Perfekt**. Als häufiger **Modus** tritt der **Konjunktiv** oder auch der **Imperativ** auf.

**3.2** **Der Brief** stellt eine Art **einseitiger Dialogsituation** dar, insofern **ein Sprecher**, der Briefschreiber, unterschiedliche Formen von Kontakten mit einer **zweiten Person**, dem Adressaten des Briefes, aufnimmt. **Leittempus** ist das **Präsens**. Als **Modus** begegnet hier sehr oft der **Konjunktiv** oder der **Imperativ**, z. B. in den Schlussformeln: *Cura, ut valeas!* oder *Vale!*

## 4 Rhetorische Texte

13 Unter **rhetorischen Texten** versteht man vor allem die verschiedenen Formen der Rede, z. B. die öffentliche Rede, die Gerichtsrede, den Monolog.
**Öffentliche Rede** und **Gerichtsrede** zielen darauf ab, die Angeredeten mit festgelegten Strategien **zu überzeugen, zu beeinflussen** oder **innerlich aufzurütteln**. Vorherrschende **Personen** sind die **2. P. Sg.** und **Pl.** Als **Modus** erscheint häufig der **Konjunktiv** der Aufforderung und der überlegenden Frage, aber auch der **Imperativ**. Gegenüber dem Brief weist die antike Rede, vor allem wenn sie zur Veröffentlichung bestimmt war, einen stärker unterordnenden und breiter angelegten Satzbau auf.

# A Lehre vom Wort

## 1 Verb

### 1.1 Deponentien

#### a) Formen des Präsens-Stammes

16

▸ **Erscheinungsform und Bildung**

| Bedeutungsteil | Signalteil: Kennvokal | Signalteil: Tempus-Zeichen | Signalteil: Person-/Infinitiv-Zeichen |
|---|---|---|---|
| hort | ā | | **tur** |
| hort | ā | **bā** | **tur** |
| hort | ā | **bi** | **tur** |
| hort | ā | | **rī** |
| Präsens-Stamm | | | |

| | |
|---|---|
| **er** mahnt | mone-**t** |
| **er** mahnte | monē-**bat** |
| **er wird** mahnen | monē-**bit** |
| mahnen | monē-**re** |

*Aber:*

| | |
|---|---|
| monē-**tur** | er **wird** gemahnt |
| monē-**bātur** | er **wurde** gemahnt |
| monē-**bitur** | er **wird** gemahnt **werden** |
| monē-**rī** | gemahnt **werden** |

Als **Deponens** wird ein lateinisches Verb bezeichnet, das **passivische Formen**, aber **aktivische Bedeutung** hat; es hat seine passivische Bedeutung sozusagen abgelegt (vgl. *dēpōnere*: ablegen).
Deponentien gibt es in allen Konjugationsklassen.

▸ **Konjugationsschema**

**Indikativ**

| | Präsens | | Imperfekt | | Futur I | |
|---|---|---|---|---|---|---|
| Sg. 1.P. | hort-**or** | ich mahne | hort-ā-**ba-r** | ich mahnte | hort-ā-**b-or** | ich werde mahnen |
| 2.P. | hort-ā-**ris** | du mahnst | hort-ā-**bā-ris** | du mahntest | hort-ā-***be*-ris** | du wirst mahnen |
| 3.P. | hort-ā-**tur** | er/sie/es mahnt | hort-ā-**bā-tur** | er/sie/es mahnte | hort-ā-***bi*-tur** | er/sie/es wird mahnen |
| Pl. 1.P. | hort-ā-**mur** | wir mahnen | hort-ā-**bā-mur** | wir mahnten | hort-ā-***bi*-mur** | wir werden mahnen |
| 2.P. | hort-ā-**minī** | ihr mahnt | hort-ā-**bā-minī** | ihr mahntet | hort-ā-***bi*-mini** | ihr werdet mahnen |
| 3.P. | hort-a-**ntur** | sie mahnen | hort-ā-**ba-ntur** | sie mahnten | hort-ā-***bu*-ntur** | sie werden mahnen |
| Sg. 1.P. | | | | | mor-i-**a-r** | ich werde sterben |
| 2.P. | | | | | mor-i-**ē-ris** | du wirst sterben |
| 3.P. | | | | | mor-i-**ē-tur** | er/sie/es wird sterben |
| Pl. 1.P. | | | | | mor-i-**ē-mur** | wir werden sterben |
| 2.P. | | | | | mor-i-**ē-minī** | ihr werdet sterben |
| 3.P. | | | | | mor-i-**e-ntur** | sie werden sterben |

**Konjunktiv**

| | Präsens | Imperfekt | |
|---|---|---|---|
| Sg. 1.P. | hort-**e-r** | hort-ā-**re-r** | ich würde mahnen |
| 2.P. | hort-**ē-ris** | hort-ā-**rē-ris** | du würdest mahnen |
| 3.P. | hort-**ē-tur** | hort-ā-**rē-tur** | er/sie/es würde mahnen |
| Pl. 1.P. | hort-**ē-mur** | hort-ā-**rē-mur** | wir würden mahnen |
| 2.P. | hort-**ē-minī** | hort-ā-**rē-minī** | ihr würdet mahnen |
| 3.P. | hort-**e-ntur** | hort-ā-**re-ntur** | sie würden mahnen |

| | |
|---|---|
| Rogāvī tē, nē **cunctārēris**. | Ich bat dich (, dass **du** nicht **zögertest**) nicht **zu zögern**. |
| **Hortārēmur** vōs, sī **cunctārēminī**. | **Wir würden euch mahnen**, wenn **ihr zögertet**. |

**Imperativ**

| Singular | | Plural | |
|---|---|---|---|
| hortā-**re!** | mahne! | hortā-**minī!** | mahnt! |
| mentī-**re!** | lüge! | mentī-**minī!** | lügt! |
| īrāsc-*e*-**re!** | zürne! | īrāsc-*i*-**minī!** | zürnt! |
| mó*re* | stirb! | mori-**minī!** | sterbt! |

*Schema aller Konjugationen der Deponentien ↗ Tab. VIII₁, S. 85*

16

▸ **Nominalformen**

| Infinitiv | | |
|---|---|---|
| hortā | rī | mahnen |
| mentī | | lügen |
| īrāsc | ī | zürnen |
| mor | | sterben |

Omnia animālia **morī** dēbent. — Alle Lebewesen müssen **sterben**.

**Partizip Präsens, Gerundium** und **Gerundivum** sind wie bei jedem anderen Verb gebildet.

| | | | |
|---|---|---|---|
| **Partizip Präsens** | | | |
| hortā-**ns, -ntis** | mahnen**d** | Hominī **mentientī** nōn crēditur. | **Einem Lügner** glaubt man nicht. |
| menti-*ē***ns, -***e***ntis** | lügen**d** | | |
| **Gerundium** | | | |
| horta-**nd-ī**, ad horta-**nd-um**, horta-**nd-ō** | | nūlla causa hortan**dī** / mentien**dī** | kein Grund **zur Ermahnung / zu ermahnen** / **zum Lügen / zu lügen** |
| menti-*e***nd-ī**, ad menti-*e***nd-um**, menti-*e***nd-ō** | | | |
| **Gerundivum** | | | |
| horta-**nd-us/-a/-um** | | causa fīli**ī** hortan**dī** | ein Grund den Sohn **zu ermahnen** |
| menti-*e***nd-us/-a/-um** | | ad fābul**ās** mentien**dās** | **zum Erfinden** von Geschichten / um Geschichten **zu erfinden** |
| | | cīv**ibus** hortan**dīs** | **durch Ermahnung** der Bürger |

## b) Formen des Partizip-Perfekt-Stammes der Deponentien

Der **Partizip-Perfekt-Stamm der Deponentien (PPD-Stamm)** entspricht in der Form dem **Partizip-Perfekt-Passiv-Stamm (PPP-Stamm,** ↗ II A 2.7, S. 35).

▸ **Bildung**

| Bedeutungsteil | Signalteil | | | |
|---|---|---|---|---|
| hortāt— | —us est | er hat gemahnt / mahnte | monuit | *Aber:* monitus est — er ist gemahnt worden/wurde gemahnt |
| PPD-Stamm | | | | |

▸ **Konjugationsschema**

| | Indikativ Perfekt | Plusquamperfekt | Konjunktiv Futur II | Perfekt | Plusquamperfekt |
|---|---|---|---|---|---|
| hortāt us/-a(/-um) | sum | eram | erō | sim | essem |
| | es | erās | eris | sīs | essēs |
| | est | erat | erit | sit | esset |
| hortāt ī/-ae(/-a) | sumus | erāmus | erimus | sīmus | essēmus |
| | estis | erātis | eritis | sītis | essētis |
| | sunt | erant | erunt | sint | essent |

| | | |
|---|---|---|
| ich habe | hatte | gemahnt |
| du hast | hattest | |
| er/sie/es hat | hatte | |
| wir haben | hatten | |
| ihr habt | hattet | |
| sie haben | hatten | |

| | |
|---|---|
| ich hätte | gemahnt |
| du hättest | |
| er/sie/es hätte | |
| wir hätten | |
| ihr hättet | |
| sie hätten | |

Vōs **hortātī essēmus, sī cunctātī essētis.** — **Wir hätten** euch **gemahnt,** wenn **ihr gezögert hättet.**

*Schema aller Konjugationen der Deponentien ↗ Tab. VIII₂, S. 86*

▸ **Nominalformen**

| | | |
|---|---|---|
| **Infinitiv Perfekt** | | |
| hortātum/-am(/-um) esse | | gemahnt (zu) haben |
| mentītum/-am(/-um) esse | | gelogen (zu) haben |
| **Partizip Perfekt** | | |
| hortātus/-a(/-um) | einer, der | ermahnt hat |
| mentītus/-a(/-um) | einer, der | gelogen hat |
| **Partizip Futur** | | |
| hortātūrus/-a(/-um) | einer, der | mahnen wird |
| mentītūrus/-a(/-um) | einer, der | lügen wird |

| | | |
|---|---|---|
| Ōrāculum numquam **mentītum esse** cōnstat. | Dass das Orakel niemals **gelogen hat,** steht fest. | |
| Oedipūs cīvēs **hortātus** ōrāculum cōnsuluit. | **Als Ödipus** die Bürger **ermahnt hatte,** wandte er sich an das Orakel um Rat. | |
| *Aber:* **arbitrātus** … **veritus** … | im Glauben … aus Furcht … | *(einen gleichzeitigen Vorgang erfassend)* |
| Oedipūs **ōrāculum** nōn **mentītūrum** esse putāvit. | Ödipus glaubte, dass das Orakel nicht lügen werde. | |

↗ *Tab. VIII₃, S. 86*

## 1.2 *īre*

### a) Formen des Präsens-Stammes

▸ **Bildung**

| Bedeutungsteil | Signalteil: Bindevokal | Signalteil: Person-Zeichen | |
|---|---|---|---|
| i | | **t** | er/sie/es geht |
| e | *u* | **nt** | sie gehen |
| Präsens-Stamm | | | |

▸ **Konjugationsschema**

**Indikativ – Konjunktiv – Imperativ**

| | Indikativ Präsens | | Konjunktiv | Imperativ | |
|---|---|---|---|---|---|
| Sg. 1. P. | e-ō | ich gehe | e-**am** | | |
| 2. P. | ī-s | du gehst | e-**ās** | ī! | gehe! |
| 3. P. | i-t | er/sie/es geht | *usw.* | | |
| Pl. 1. P. | ī-mus | wir gehen | | | |
| 2. P. | ī-tis | ihr geht | | ī-**te**! | geht! |
| 3. P. | e-*u*nt | sie gehen | | | |

**Eāmus! Gehen wir!/Lasst uns gehen!**

*Vollständiges Konjugationsschema ↗ Tab. $X_{1.1}$, S. 88*

**Imperfekt – Futur I**

| Imperfekt: Indikativ | | Imperfekt: Konjunktiv | | Futur I | |
|---|---|---|---|---|---|
| ī-**bam** | ich ging | ī-**rem** | ich würde gehen | ī-**bō** | ich werde gehen |
| ī-**bās** | du gingst | ī-**rēs** | du würdest gehen | ī-**b*i*s** | du wirst gehen |
| *usw.* | | *usw.* | | *usw.* | |

**Irēmus,** sī possēmus. **Wir würden gehen,** wenn wir könnten.

*Vollständiges Konjugationsschema ↗ Tab. $X_{1.1}$, S. 88*

▸ **Nominalformen**

| Nominalform | Beispiel | Übersetzung |
|---|---|---|
| **Infinitv Präsens**: ī-re gehen | **Ire** debēmus. | Wir müssen **gehen.** |
| **Partizip Präsens**: i-ēns, e-*u*ntis | Pedibus **iēns** ad finem veniēs | Zu Fuß **(gehend)** wirst du ans Ziel kommen. |
| **Gerundium**: e-*u*ndī | **Eundō** tibi nōn nocēbis. | **Durch Gehen** wirst du dir nicht schaden. |
| **Gerundivum**: e-*u*ndus/-a/-um | **Eundum** est. | Man **muss gehen.** |
| **Partizip Futur**: it-ūrus/-a/-um | Tē brevī domum **itūrum** esse spērō. | Ich hoffe, dass du bald nach Hause **gehen wirst/gehst.** |

### b) Formen des Perfekt-Aktiv-Stammes

▸ **Bildung**

| Bedeutungsteil | Signalteil | |
|---|---|---|
| i | it | er/sie/es ist gegangen/ging |
| i | ērunt | sie sind gegangen/gingen |
| Perfekt-Aktiv-Stamm | | |

▸ **Konjugationsschema**

| Perfekt: Indikativ | | Perfekt: Konjunktiv | Plusquamperfekt: Indikativ | Plusquamperfekt: Konjunktiv |
|---|---|---|---|---|
| i-**ī** | ich bin gegangen/ ging | i-**erim** | i-**eram** | ī-**ssem** |
| ī-**stī** | | i-**eris** | i-**erās** | ī-**ssēs** |
| i-**it** | *usw.* | *usw.* | *usw.* | *usw.* |
| i-**imus** | | | | |
| ī-**stis** | | | | |
| i-**ērunt** | | | | |

Sciō, quō **ieritis.** — Ich weiß, wohin **ihr gegangen seid.**

Cum Cicerō in exilium **īsset,** Rōmae multī cīvēs laetī nōn erant. — Als Cicero in die Verbannung **gegangen war,** waren in Rom viele Bürger nicht froh.

18

| Infinitiv | | Futur II |
|---|---|---|
| ī-sse | gegangen (zu) sein | i-**erō**<br>i-**eris**<br>*usw.* |

Vōs **ab-īsse** doleō. Dass **ihr weggegangen seid**, bedaure ich.
Sī in forum **ierō**, vōs vidēbō. Wenn ich auf das Forum (**gegangen bin**) **gehe**, werde ich euch sehen.

*Konjugationsschema ➚ Tab. $X_{1.1}$, S. 88*

## 1.3 *ferre*

### a) Formen des Präsens-Stammes

#### ▸ Bildung

Aktiv

| Bedeutungsteil | Signalteil: *Bindevokal* | Signalteil: Personzeichen | |
|---|---|---|---|
| fer | | t | er/sie/es trägt |
| fer | *u* | nt | sie tragen |
| Präsens-Stamm | | | |

Passiv

| Bedeutungsteil | Signalteil: *Bindevokal* | Signalteil: Personzeichen | |
|---|---|---|---|
| fer | | tur | er/sie/es wird getragen |
| fer | *u* | ntur | sie werden getragen |
| Präsens-Stamm | | | |

#### ▸ Aktiv

#### Indikativ – Konjunktiv – Imperativ

| | Präsens Indikativ | | Präsens Konjunktiv | Imperativ | |
|---|---|---|---|---|---|
| Sg. 1. P. | fer-ō | ich trage | fer-am | | |
| 2. P. | fer-s | du trägst | fer-ās | **fer**! | trage! |
| 3. P. | fer-t | er/sie/es trägt | *usw.* | | |
| Pl. 1. P. | fer-*imus* | wir tragen | | | |
| 2. P. | fer-tis | ihr tragt | | fer-**te**! | tragt! |
| 3. P. | fer-*unt* | sie tragen | | | |

**Ferāmus** auxilium! — **Lasst uns** Hilfe bringen!
Rogō vōs, ut mihī auxilium **ferātis**. — Ich bitte euch (, dass **ihr** mir Hilfe **bringt**)/mir Hilfe **zu bringen**.

#### Imperfekt – Futur I

| Imperfekt Indikativ | | Imperfekt Konjunktiv | Futur I | |
|---|---|---|---|---|
| fer-*ē***bam** | ich trug | fer-**rem** | fer-**am** | ich werde tragen |
| fer-*ē***bās** | du trugst | fer-**rēs** | fer-**ēs** | du wirst tragen |
| *usw.* | | | *usw.* | |

Haec perīcula **ferrem**, sī possem. — **Ich würde** diese Gefahren **ertragen**, wenn ich könnte.

#### Nominalformen

| Infinitv | |
|---|---|
| fer-re | tragen/bringen |
| **Partizip** | |
| fer-*ē*ns, -ntis | tragend/bringend |
| **Gerundium** | |
| fer-*e*ndō | durch Tragen/Bringen |

Miserīs salūtem **ferre** dēbēmus. — Den Bedrängten müssen wir Rettung **bringen**.
Quis nōn amat auxilium **ferentem**? — Wer liebt nicht **den, der Hilfe bringt**?
**Ferendō** *fātum* fortis eris. — **Durch Ertragen** *des Schicksals* wirst du tapfer sein.

#### ▸ Passiv

| | Präsens Indikativ | | Präsens Konjunktiv | Imperfekt Indikativ | | Imperfekt Konjunktiv | Futur I | |
|---|---|---|---|---|---|---|---|---|
| Sg. 1. P. | fer-or | ich werde | fer-**ar** | fer-*ē***bar** | ich wurde | fer-**rer** | fer-**ar** | ich werde |
| 2. P. | fer-ris | getragen | fer-**āris** | fer-*ē***bāris** | getragen | fer-**rēris** | fer-**ēris** | getragen werden |
| 3. P. | fer-tur | *usw.* | *usw.* | *usw.* | | *usw.* | *usw.* | |
| Pl. 1. P. | fer-*imur* | | | | | | | |
| 2. P. | fer-*iminī* | | | | | | | |
| 3. P. | fer-*untur* | | | | | | | |

#### Nominalformen

| Infinitiv | fer-rī |
|---|---|
| **Gerundivum** | fer-*e*ndus/-a/-um |

Multīs placet nāvibus per lacūs **ferrī**. — Vielen gefällt es, auf Schiffen über die Seen **getragen zu werden**.
Perīcula **ferenda sunt**. — Gefahren **sind zu ertragen**.

*Vollständiges Konjugationsschema ➚ Tab. $X_{4/5}$, S. 89f.*

18

## b) Formen des Perfekt-Aktiv-/Partizip-Perfekt-Passiv-Stammes

### ▶ Bildung

| Bedeutungsteil | Signalteil | Aktiv |
|---|---|---|
| tul | it | er hat getragen |
| tul | ērunt | sie haben getragen |
| Perfekt-Aktiv-Stamm | | |

| Bedeutungsteil | Signalteil | Passiv |
|---|---|---|
| lāt | us est | er ist getragen worden |
| lāt | ī sunt | sie sind getragen worden |
| PPP-Stamm | | |

### ▶ Aktiv

| Perfekt Indikativ | | Perfekt Konjunktiv | Plusquamperfekt Indikativ | | Plusquamperfekt Konjunktiv | | Futur II |
|---|---|---|---|---|---|---|---|
| tul-**ī** | ich habe | tul-**erim** | tul-**eram** | ich hatte | tul-**issem** | ich hätte | tul-**erō** |
| tul-**istī** | getragen/trug | tul-**eris** | tul-**erās** | getragen | tul-**issēs** | getragen | tul-**eris** |
| *usw.* | | *usw.* | *usw.* | | *usw.* | | *usw.* |

| **Infinitv** |
|---|
| tul-isse getragen (zu) haben |

| | |
|---|---|
| Perīcula fortiter **tulisse** dulce est. | Gefahren tapfer **ertragen zu haben** ist angenehm. |

### ▶ Passiv

| Perfekt Indikativ | | Perfekt Konjunktiv | Plusquamperfekt Indikativ | | Plusquamperfekt Konjunktiv | Futur II |
|---|---|---|---|---|---|---|
| lāt-us sum | ich bin getragen | lāt-us sim | lāt-us eram | ich war getragen | lāt-us essem | lāt-us erō |
| lāt-us es | worden/wurde getragen | lāt-us sīs | lāt-us erās | worden | lāt-us essēs | lāt-us eris |
| *usw.* | | *usw.* | *usw.* | | *usw.* | *usw.* |

| **Infinitv** |
|---|
| lāt-um/-am/-um/esse getragen worden (zu) sein |

| | |
|---|---|
| **Equitēs in nāvēs lātōs esse** lēgātus nūntiāvit. | **Dass die Reiter auf die Schiffe gebracht worden seien,** meldete der Offizier. |

*Konjugationsschema* ↗ *Tab. $X_{4/5}$, S. 89f.*

## 1.4 velle – nōlle

### a) Formen des Präsens-Stammes

### ▶ Bildung

| Bedeutungsteil | Signalteil: Bindevokal | Signalteil: Person-Zeichen | |
|---|---|---|---|
| vul | | t | er will |
| vol | *u* | nt | sie wollen |
| Präsens-Stamm | | | |

### ▶ Konjugationsschema

| Präsens Indikativ | | Präsens Konjunktiv | | Imperfekt Indikativ | | Imperfekt Konjunktiv | | Futur I | |
|---|---|---|---|---|---|---|---|---|---|
| ich will | ich will nicht | | | ich wollte | ich wollte nicht | ich würde wollen | ich würde nicht wollen | ich werde wollen | ich werde nicht wollen |
| vol-ō | nōl-ō | vel-**im** | nōl-**im** | vol-**ēbam** | nōl-**ēbam** | vel-**lem** | nōl-**lem** | vol-**am** | nōl-**am** |
| vī-s | nōn vī-s | vel-**īs** | nōl-**īs** | vol-**ēbās** | nōl-**ēbās** | vel-**lēs** | nōl-**lēs** | vol-**ēs** | nōl-**ēs** |
| vul-t | nōn vul-t | usw. | usw. | *usw.* | *usw.* | *usw.* | *usw.* | *usw.* | *usw.* |
| vol-*umus* | nōl-*umus* | | | | | | | | |
| vul-tis | nōn vul-tis | | | | | | | | |
| vol-*unt* | nōl-*unt* | | | | | | | | |

### ▶ Nominalformen

| | | |
|---|---|---|
| **Infinitiv** | vel-le | wollen |
| | nōl-le | nicht wollen |
| **Partizip** | vol-ēns, -ntis | wollend |
| | nōl-ēns, -ntis | nicht wollend |

| | |
|---|---|
| Audīvī tē domum redīre **nōlle.** | Ich habe gehört, dass du **nicht** nach Hause zurückkehren **willst.** |
| Dūcunt **volentem** fāta, **nōlentem** trahunt. | **Wer will, den** führt das Schicksal, es reißt **den** mit sich, **der nicht will.** |

*Konjugationsschema* ↗ *Tab. $X_{1.2}$, S. 88*

18

## b) Formen des Perfekt-Aktiv-Stammes

### ▸ Bildung

| Bedeutungsteil | Signalteil |
|---|---|
| volu– | it |
| nōlu– | ērunt |
| Perfekt-Aktiv-Stamm | |

### ▸ Konjugationsschema

| Perfekt | | | | Plusquamperfekt | | | |
|---|---|---|---|---|---|---|---|
| Indikativ | | Konjunktiv | | Indikativ | | Konjunktiv | |
| ich habe gewollt/ wollte | ich habe nicht gewollt/ wollte nicht | | | ich hatte gewollt | ich hatte nicht gewollt | ich hätte gewollt | ich hätte nicht gewollt |
| volu-**ī**<br>volu-**isti**<br>*usw.* | nōlu-**ī**<br>nōlu-**isti**<br>*usw.* | volu-**erim**<br>volu-**eris**<br>*usw.* | nōlu-**erim**<br>nōlu-**eris**<br>*usw.* | volu-**eram**<br>volu-**erās**<br>*usw.* | nōlu-**eram**<br>nōlu-**erās**<br>*usw.* | volu-**issem**<br>volu-**issēs**<br>*usw.* | nōlu-**issem**<br>nōlu-**issēs**<br>*usw.* |

| | | |
|---|---|---|
| **Infinitiv** | volu-isse | gewollt (zu) haben |
| | nōlu-isse | nicht gewollt (zu) haben |

| | |
|---|---|
| Saepe etiam **voluisse** satis est. | Oft genügt es schon, **den Willen gehabt zu haben.** |

*Konjugationsschema ↗ Tab. $X_{1,2}$, S. 88*

19

## 1.5 *fierī*

## a) Formen des Präsens-Stammes

### ▸ Bildung

| Bedeutungsteil | Signalteil: *Bindevokal* | Signalteil: Person-Zeichen |
|---|---|---|
| fi– | | **t** |
| fī– | *u* | **nt** |
| Präsens-Stamm | | |

Die Formen von ***fierī*** ersetzen im Präsens-Stamm das Passiv von ***facere***.

### ▸ Konjugationsschema

| | Präsens | | Imperfekt | | Futur I |
|---|---|---|---|---|---|
| | Indikativ | Konjunktiv | Indikativ | Konjunktiv | |
| | ich werde, werde gemacht | | ich wurde, wurde gemacht | ich würde werden, gemacht werden | ich werde werden, gemacht werden |
| Sg. 1.P. | fī-ō | fī-**am** | fī-**ēbam** | fi-**erem** | fī-**am** |
| 2.P. | fī-s | fī-**ās** | fī-**ēbās** | fi-**erēs** | fī-**ēs** |
| 3.P. | fi-t | *usw.* | *usw.* | *usw.* | *usw.* |
| Pl. 1.P. | fī-mus | | | | |
| 2.P. | fī-tis | | | | |
| 3.P. | fī-unt | | | | |

### ▸ Nominalformen

| | |
|---|---|
| **Partizip** | fut-ūrus/-a/-um<br>futūra (was geschehen wird) die Zukunft |
| **Infinitiv** | fi-erī werden, geschehen; gemacht werden |
| **Infinitiv Futur** | fut-ūrum esse/fore |

| | |
|---|---|
| Senātus Aram Pācis **fierī** iussit. | Der Senat befahl, dass der Altar des Friedens **gebaut werde**/... ließ ... **erbauen.** |
| Bellum nōn **fore** omnēs spērant. | Dass kein Krieg **ausbrechen werde/ausbreche**, hoffen alle. |

*Vollständiges Konjugationsschema ↗ Tab. $X_{7/8}$, S. 90*

## b) Formen des Partizip-Perfekt-Passiv-Stammes

### ▸ Bildung

| Bedeutungsteil | Signalteil |
|---|---|
| fact– | us/-a/-um est |
| fact– | ī/-ae/-a sunt |
| PPP-Stamm | |

| | |
|---|---|
| Lūx **facta est.** | **Es ist** Tag **geworden.** |
| Pāx **facta erat.** | Friede **war geschaffen worden.** |
| Mīra **facta esse** scīmus. | Wundervolles **ist**, wie wir wissen, **geschehen.** |

19

## 2 Nomen

### ē-Deklination

-ē-
DEKLINATION

Substantive der **ē-Deklination** erkennt man am **Kennvokal -e-**, der zwischen dem Bedeutungsteil und dem Kasus-Zeichen steht.

| Bedeutungsteil | Signalteil: *Bindevokal* | Signalteil: Person-Zeichen | |
|---|---|---|---|
| di | ē | s | der/ein Tag |
| di | ē | ī | des Tages |
| di | ē | ī | dem Tag |
| di | e | m | den Tag |
| di | ē | | am Tag |
| Singular | | | |

| Bedeutungsteil | Signalteil: *Bindevokal* | Signalteil: Person-Zeichen | |
|---|---|---|---|
| di | ē | s | (die) Tage |
| di | ē | rum | der Tage |
| di | ē | bus | den Tagen |
| di | ē | s | (die) Tage |
| di | ē | bus | an Tagen |
| Plural | | | |

# B Lehre vom Satz

17

## 1 Die Konstruktion des NcI

NcI

**1.1** Bei den passivisch gebrauchten Verben ***dīcitur, vidētur*** ist das **Subjekt des Satzes** zugleich **Subjekt des Infinitivs**; es steht deshalb im **Nominativ**. Daher nennt man diese Konstruktion **Nominativus cum Infinitivo: NcI.**

| | |
|---|---|
| ① **Antigona** Polynīcem frātrem **sepelīvisse** *dīcitur. / dīcēbātur.* | *Man sagt, / Man sagte,* dass **Antigone** ihren Bruder Polyneikes **bestattet hat / habe.** |
| ② **Creōn** lēgēs deōrum **neglēxisse** *vidētur. / vidēbātur.* | **Kreon** *scheint* / **Kreon** *schien* die Gesetze der Götter **missachtet zu haben.** |

**1.2** Die Einheit von Nominativ und Infinitiv kann als selbstständiger Satz formuliert werden, z. B.: *Antigone hat ihren Bruder Polyneikes bestattet. (So sagt man.)*
Der **NcI** stellt deshalb eine **satzwertige Konstruktion** dar.
Er erfüllt die **syntaktische Funktion** des **Subjekts**.

*Satzmodell:* *Subjekt*: Antigona … sepelivisse ◄—— *Prädikat*: dicitur/dicebatur.

**1.3** Für die Übersetzung des **NcI** empfiehlt sich zuweilen folgende **Umbauregel**:

| **NcI** | **dass-Gliedsatz** |
|---|---|
| *Subjekt* *Objekt* *Infinitiv* | *Subjekt* *Objekt* *Prädikat* |
| Antigona Polynīcem sepelīvisse (dīcitur.) | (Man sagt, dass) Antigone Polyneikes bestattet hat. |
| LATEINISCH ⟹ | DEUTSCH |

**1.4 Wiedergabe im Deutschen**

| bei **dīcitur/dīcēbātur** | bei **vidētur/vidēbātur** | Wiedergabe |
|---|---|---|
| ① **man sagt, / man sagte,** } dass er/sie/es … | **es scheint, / es schien,** } dass er/sie/es | dass-Gliedsatz |
| ② er/sie/es **soll** … | er/sie/es **scheint/schien zu** … | „sollen"/„scheinen" mit Infinitiv |
| ③ er/sie/es …, **wie man sagt/sagte**, … | er/sie/es …, **wie es scheint/schien**, … | Einschub |
| ④ er/sie/es … **angeblich** | er/sie/es … **offensichtlich** | Adverb |

*Beachte:* dīcor: man sagt, dass ich …/ich soll …
vidēminī: es scheint, dass ihr …/ihr scheint …

17

## 2 Die Konstruktion des Gerundivum-N

### 2.1 Verwendung

a) Als **Gerundivum-N** bezeichnet man die Verbindung eines **Gerundivums mit der Copula** ***esse***.
Diese Konstruktion drückt eine **Notwendigkeit** aus.
Das **Gerundivum-N** erfüllt im Satz als **Prädikatsnomen** zusammen mit einer Form von *esse* die **syntaktische Funktion** des **Prädikats**.

| | |
|---|---|
| ① Lēgēs deōrum < **servandae sunt.** / **neglegendae nōn sunt.** | Die Gesetze der Götter < **müssen beachtet werden (sind zu beachten).** / **dürfen nicht missachtet werden.** |
| ② Lēgibus deōrum **pārendum est.** | Den Gesetzen der Götter **muss man gehorchen (ist zu gehorchen).** |
| ③ Semper fortiter **agendum est.** | **Man muss** immer tapfer **handeln. (Es ist ... zu handeln.)** |
| ④ *Antigonae* lēgēs deōrum **servandae erant.** | *Antigone* **musste** die Gesetze der Götter **achten.** |

Persönliche Konstruktion steht bei transitiven Verben ① ④, unpersönliche Konstruktion bei intransitiven Verben ②.

*Zum Gerundivum-V ↗ III B 3.2, S. 53f.*

b) Ein **Dativ** in Verbindung mit einem **Gerundivum-N** bezeichnet meist die **Person, die etwas tun muss** bzw. **etwas nicht tun darf: Dativ der handelnden Person (‚Täter-Dativ': Dativus auctoris)** ④.

c) **Wiedergabe im Deutschen**

Das **Gerundivum-N** lässt sich im Deutschen wiedergeben mit
– dem **Hilfsverb „sein"** und **Infinitiv** mit **„zu"**
(wenn kein Dativus auctoris dabeisteht) ① ② ③,
– den **Modalverben „müssen"/„nicht dürfen"**, und zwar
mit **Passiv** oder „man" (wenn kein Dativus auctoris dabeisteht) ① ② ③,
mit **Aktiv** (wenn ein Dativus auctoris dabeisteht) ④.

Für die Übersetzung des **Gerundivum-N** (mit Dat. auct.) gilt folgende **Umbauregel**:

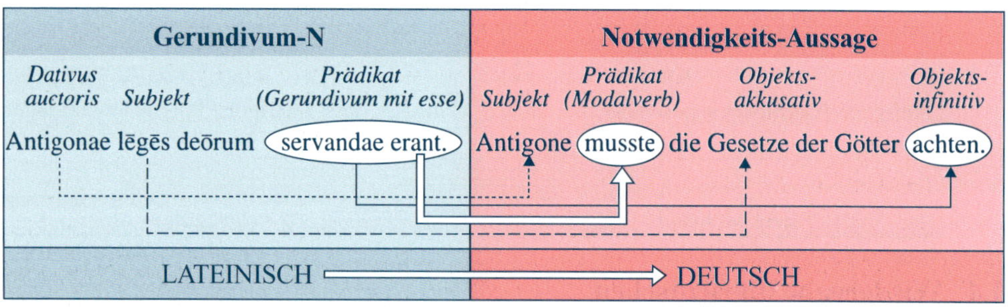


### 2.2 Gerundivum-N im AcI

| | |
|---|---|
| Creōn corpus Polynīcis **nōn sepeliendum (esse)** statuit. | Kreon bestimmte, dass die Leiche des Polyneikes **nicht begraben werden dürfe.** |

Wenn das **Gerundivum-N im AcI** erscheint, kann die **Copula** ***esse*** fehlen.

# 3 Relativsätze (Zusammenfassung)

## 3.1 Relativsätze als Attribut

Der **Relativsatz** kann **jedem Satzglied (Subjekt, Objekt, Adverbiale)** als **Attribut** beigefügt sein.

| | |
|---|---|
| Rōmānī,<br>**quī** sē studiō philosophiae dabant,<br>philosophōs,<br>**quī** omnium clārissimī putābantur,<br>Athēnīs,<br>**quae** urbs tum quasi caput litterārum erat,<br>audiēbant. | Die Römer,<br>**die** Philosophie studierten,<br>hörten die Philosophen,<br>**die** als die allerberühmtesten galten,<br>in Athen,<br>**das** damals gleichsam die Hauptstadt der Wissenschaften war. |

*Satzmodell:*

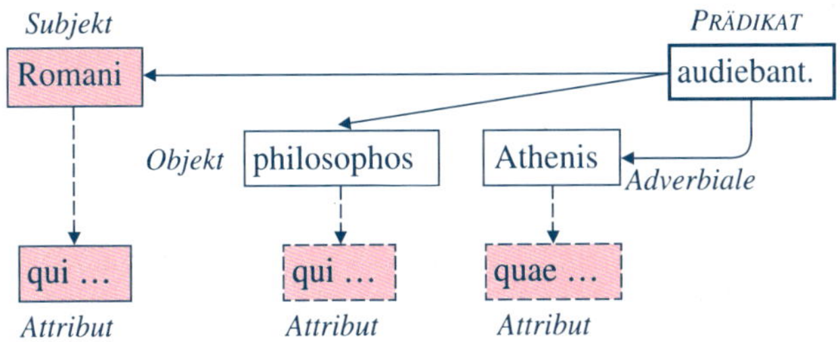


## 3.2 Relativsätze als Subjekt oder Objekt

Der **Relativsatz** kann als selbstständiges Satzglied die **syntaktische Funktion** des **Subjekts** oder **Objekts** erfüllen:

a) **als Subjekt**

| | |
|---|---|
| **Quī vītā excessit,**<br>fortāsse in alium locum venit. | **Wer aus dem Leben geschieden ist/scheidet,**<br>kommt vielleicht an einen anderen Ort. |

*Satzmodell:*

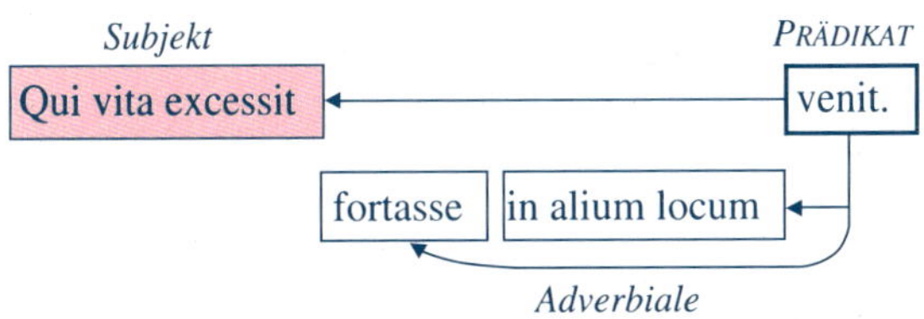


b) **als Objekt**

| | |
|---|---|
| Sōcratēs,<br>**quae eī mortuō fient,**<br>quiētō animō exspectat. | Sokrates erwartet,<br>**was ihm nach seinem Tod widerfahren wird,**<br>mit ruhigem Herzen. |

*Satzmodell:*

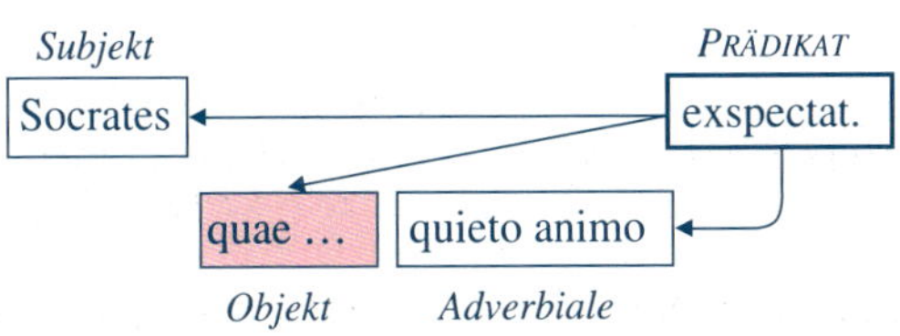

19 **3.3 Konjunktivische Relativsätze**

Der **Konjunktiv in Relativsätzen** zeigt in der Regel einen **adverbialen Nebensinn** an:

**a) final**

| | |
|---|---|
| Sōcratēs amīcōs dīmīsit,<br>**quī** dē morte suā **nūntiārent**. | Sokrates schickte Freunde weg,<br>**die** von seinem Tod **berichten sollten (damit sie …)**. |

**b) konsekutiv**

| | |
|---|---|
| Sōcratēs nōn is erat,<br>**quī** morte **terrērētur**. | Sokrates war (kein solcher) keiner,<br>**der** sich durch den Tod **hätte schrecken lassen (dass er …)**. |

**c) kausal**

| | |
|---|---|
| Sōcratis mortem nōn probō,<br>**quī** iūstitiam **colam**. | Sokrates' Tod billige ich nicht,<br>**der** ich **ja** die Gerechtigkeit **hochhalte (da ich …)**. |

## 4 Kasuslehre

**4.1** Der **Genitiv** drückt nach **Verben der Gerichtssprache** das Vergehen oder die Strafe aus: **Genitivus criminis**.

| | |
|---|---|
| Antigona **crīminis** accūsāta est.<br>Sōcratēs **capitis** damnātus est. | Antigone wurde **eines Verbrechens** angeklagt.<br>Sokrates wurde **zum Tode** verurteilt. |

**4.2** Der **Genitiv** bezeichnet den **Wert**, der einer Person oder Sache zukommt: **Genitiv der Wertangabe** (**Genitivus pretii**).

| | |
|---|---|
| Haec **māgnī/parvī** putō.<br>**Quantī** domus tua est? | Das schätze ich **hoch/gering** ein.<br>**Wie viel** ist dein Haus wert? |

17 **4.3** Der **Dativ** bezeichnet beim **Gerundivum-N** die Person, die etwas tun muss bzw. etwas nicht tun darf: **‚Täter-Dativ'** (**Dativus auctoris**, ↗ IV B 2.1 b, S. 64).

| | |
|---|---|
| **Cicerōnī** ex Italiā *abeundum erat*. | **Cicero** *musste* aus Italien *weggehen*. |

19 **4.4** Der **Ablativ** drückt nach oder vor einer Komparativform die Person oder Sache aus, mit der jemand oder etwas **verglichen** wird: **Ablativ des Vergleichs** (**Ablativus comparationis**).

| | |
|---|---|
| Quis *beātior* **Diogene** fuit?<br>Quod aedificium! **Colossēō** *clārius* est? | Wer war *glücklicher* **als Diogenes**?<br>Welches Bauwerk ist *berühmter* **als das Kolosseum**? |

20

# 5 Gliedsätze (Zusammenfassung und Wiederholung)

## 5.1 Syntaktische Funktion der Gliedsätze

**Gliedsätze** lassen sich nach ihrem einleitenden Wort einteilen in
- **subjunktionale Gliedsätze,**
- **abhängige (indirekte) Fragesätze,**
- **Relativsätze.**

**Gliedsätze** erfüllen die **syntaktische Funktion** des **Subjekts, Objekts, Adverbiales** oder **Attributs**. Sie stehen im **Indikativ** (I) oder **Konjunktiv** (K).

### PRÄDIKAT

### SUBJEKT

**Abhängiger Fragesatz**

| | | | |
|---|---|---|---|
| (nōn certum est,) | quemadmodum / quōmodo | K | wie |
| | cūr | K | warum |
| | ubī *usw.* | K | wo |

**Begehrsatz**

| | | | |
|---|---|---|---|
| (rogandum est,) | ut | K | dass |
| | nē | K | dass nicht |

**Erläuterungssatz**

| | | |
|---|---|---|
| bene ēvenit, quod | I | dass |

**Relativsatz**

| | | |
|---|---|---|
| quī/quae/quod | I/K | der/die/das |

### OBJEKT

**Abhängiger Fragesatz**

| | | | |
|---|---|---|---|
| (nesciō,) | quemadmodum / quōmodo | K | wie |
| | cūr | K | warum |
| | ubī | K | wo |

**Begehrsatz**

| | | | |
|---|---|---|---|
| (rogō,) | ut | K | dass |
| (rogō,) | nē | K | dass nicht |
| (timeō,) | nē | K | dass |

**Relativsatz**

| | | |
|---|---|---|
| quī/quae/quod | I/K | der/die/das |

### ADVERBIALE

**Subjunktionale Gliedsätze**

*Zeit*

**Temporalsätze**

| | | |
|---|---|---|
| postquam | I | nachdem, als |
| ut | I | sobald |
| cum | I | als |
| | I | (immer) wenn |
| | I Perf. | als plötzlich |
| | K | als/nachdem |
| priusquam | I/K | ehe/bevor (nicht) |
| dum | I Präs. | während |
| dum | I | (solange) bis; solange |

*Ort*

**Lokalsätze**

| | | |
|---|---|---|
| ubī | I | wo |
| unde | I | woher |

*Grund*

**Kausalsätze** (*Realgrund*)

| | | |
|---|---|---|
| quod/quia | I | da/weil |
| cum | K | da/weil |

**Finalsätze** (*Absicht*)

| | | |
|---|---|---|
| ut | K | damit |
| nē | K | damit nicht |

**Konsekutivsätze** (*Folge*)

| | | |
|---|---|---|
| ut (nōn) | K | (so)dass (nicht) |

**Konzessivsätze** (*Einräumung*)

| | | |
|---|---|---|
| etiam-sī | I | auch wenn |
| quamquam | I | obwohl |
| cum | K | obwohl |
| quamvīs | K | wenn auch |

**Kondizionalsätze** (*Bedingung*)

| | | |
|---|---|---|
| sī | I/K | wenn/ falls |
| nisī | I/K | wenn nicht |
| sīn (autem) | I/K | wenn aber |

**Komparativsätze** (*Vergleich*)

| | | |
|---|---|---|
| ut/ quemadmodum ... sīc | I | wie ... so |

### ATTRIBUT

**Relativsatz**

| | | |
|---|---|---|
| quī/quae/quod | I/K | der/die/das, welcher/welche/welches |

20

## 5.2 Mehrdeutige Wörter zur Satzverbindung

| | | | | |
|---|---|---|---|---|
| ut | Indikativ | **sobald** (temporal) | | |
| | | **wie** (vergleichend) | | |
| | Konjunktiv | **dass** (begehrend) | | |
| | | **(so)dass** (konsekutiv) | | |
| | | **damit** (final) | | |
| nē | Konjunktiv | **dass nicht** (begehrend) | | |
| | | **damit nicht** (final) | | |
| | | **dass** (nach *timēre/perīculum est* u. Ä.)[1] | | |
| cum | Indikativ | **damals, als** (temporal-relativum) | | |
| | | **immer wenn** (temporal-iterativum) | | |
| | | **als (plötzlich)** (temporal-inversivum) | | |
| | Konjunktiv | **als/ nachdem** (temporal-historicum) | | |
| | | **da / weil** (kausal) | | |
| | | **obwohl** (konzessiv) | | |
| dum | Indikativ | **solange,** (solange) **bis** | | |
| | Indikativ Präs. | **während** | | |
| | Konjunktiv | (solange) **bis** (final) | | |
| quod | Indikativ | **weil, da** (kausal) | | |
| | | **dass** (faktisch) | | |
| | | | *bene ēvenit, quod* | es trifft sich gut, dass |
| | | **was** (relativisch) | | |
| | | | *(id,) quod* | |
| | | *Achtung:* | | |
| | | **dies** (rel. Satzanschluss) | | |
| | | | *Cōnsilium mihī dedistī.* | Du hast mir einen Rat gegeben. |
| | | | ***Quod** mihī placet.* | Dieser gefällt mir. |
| | Konjunktiv | **welches** (abh. Fragesatz) | | |
| | | | ***Quod** cōnsilium tibī placeat, nesciō.* | Welcher Rat dir gefällt, weiß ich nicht. |

1) Nē sērō veniās! Timeō. Komm bitte nicht zu spät! Ich befürchte es allerdings.
Timeō, nē sērō veniās. Ich fürchte, dass du zu spät kommst.

# C Lehre vom Text

## 1 Reihende Satzabfolge

Texte können von einer **reihenden Satzabfolge** bestimmt sein. Hier wird durch das rasche Hintereinander von kurzen Sätzen eine dramatische, auf Erlebnisdichte ausgerichtete Erzählabsicht verfolgt. Der **Leser** soll **unmittelbar am Geschehen beteiligt** werden.

**Auslieferung des Vercingetorix**

| | |
|---|---|
| Mittuntur ad Caesarem lēgātī. | Es werden Gesandte zu Cäsar geschickt. |
| Iubet arma trādī, prīncipēs prōdūcī. | Er befiehlt die Waffen zu übergeben, die Stammesfürsten vorzuführen. |
| Ipse in mūnītiōne prō castrīs cōnsēdit; | Er selbst hat sich auf der Schanze vor dem Lager niedergelassen; |
| eō dūcēs prōdūcuntur. | dorthin werden die Führer gebracht. |
| Vercingetorīx dēditur, arma prōiciuntur. | Vercingetorix wird ausgeliefert, die Waffen werden hingeworfen. |

## 2 Periodisierte Satzabfolge

**2.1** Texte können von einer Anzahl **längerer, in sich durch Unterordnung gegliederter Sätze (Perioden)** gekennzeichnet sein; dadurch wird eine große Informationsdichte erreicht. Das Geschehen wird in gedrängter Abfolge erzählt, wobei zwischen dem Geschehenshintergrund in den Gliedsätzen und dem Geschehensvordergrund im Hauptsatz deutlich unterschieden wird. Der **Leser** wird auf diese Weise eher **auf Distanz zum Erzählten** gehalten.

Eine solche Textgestaltung ist vor allem für **historisch erzählende Texte** kennzeichnend.

*Beispiel 1:* **Cäsars Aufbruch nach Britannien**

| | |
|---|---|
| Dumnorīx Haeduus, | Der Häduer Dumnorix machte sich, |
| **postquam** frūstrā ā Caesare petīvit, | **nachdem** er Cäsar vergeblich darum gebeten hatte, |
| **ut** in Galliā relinquerētur, | **dass** er in Gallien zurückgelassen werde (in Gallien **zurückgelassen zu werden**), |
| **quod** mare timēret, | **weil** er das Meer fürchte, |
| clam discessit. | heimlich aus dem Staub. |

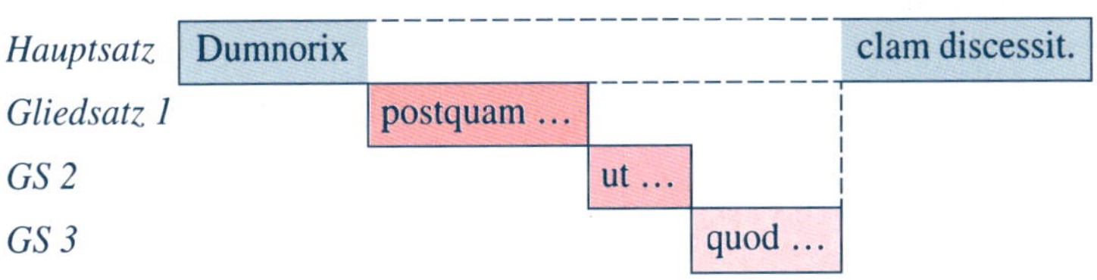

*Beispiel 2:* **Cäsars Ankunft in Britannien**

| | |
|---|---|
| **Cum** nāvēs Britanniae appropinquārent, | **Als** sich die Schiffe Britannien näherten, |
| tanta tempestās subitō facta est, | brach plötzlich ein so starker Sturm los, |
| **ut** nūlla eārum cursum tenēre posset, | **dass** keines von ihnen den Kurs halten konnte, |
| <ut> multae autem eōdem re-ferrentur, | viele jedoch dorthin zurückgetrieben wurden, |
| **unde** erant profectae. | **(von) wo** sie ausgelaufen waren. |

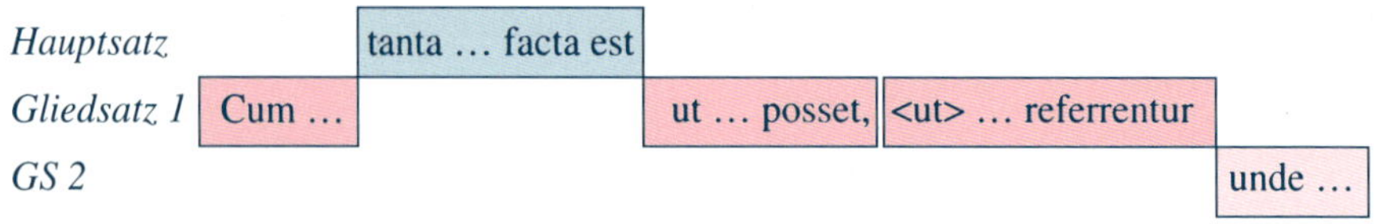


**2.2** Texte können so angelegt sein, dass auf **eine größere Zahl von untergeordneten Sätzen, die auf einer Ebene stehen und die gleiche Sinnrichtung haben,** ein **kurzer Hauptsatz** folgt. Die Gliedsätze geben hier sozusagen den Erklärungs- oder Begründungshintergrund an, vor dem die knappe Schlussfolgerung auf die Leser oder Hörer überzeugend wirken soll.
Eine solche Textgestaltung ist vor allem für **rhetorische Texte** kennzeichnend.

**Cicero über Catilina**

| | |
|---|---|
| **Sī** hoc maleficium cognōveritis, | **Wenn** ihr diese böse Tat erkennt, |
| **sī** hoc scelus perīculōsum cōgitāveritis, | **wenn** ihr dieses gefährliche Verbrechen bedenkt, |
| **sī** hōc flāgitiō tōtam cīvitātem com-mūtārī accēperitis, | **wenn** ihr erfahrt, dass durch diese Schandtat der ganze Staat umgestürzt wird, |
| **sī** hōc factō inīquissimō etiam orbem terrārum perturbārī audīveritis, | **wenn** ihr hört, dass durch diese Unrechtstat sogar der Erdkreis in Aufregung versetzt wird, |
| certē istum hominem putābitis omnium pessimum. | dann werdet ihr diesen Menschen da sicherlich für den allergrößten Schurken halten. |

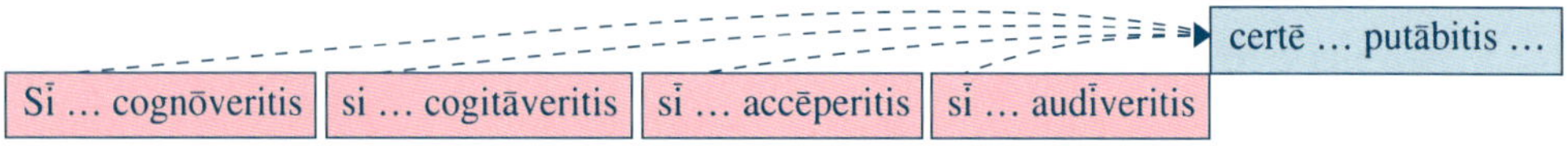

# Anhang zur Systematischen Begleitgrammatik

# NOMEN

## DEKLINATIONEN

### Substantive

**I 1.1**

| | ā-Deklination | o-Deklination | | | Konsonantische Deklination | | | |
|---|---|---|---|---|---|---|---|---|
| | *Freundin* | *Freund* | *Feld* | *Tempel* | *Sieger* | *Vater* | *Legion* | *Geschlecht* |
| | f | m | m | n | m | m | f | n |
| **Sg.** | | | | | | | | |
| N. | amīc**a** | amīc**us** | ag*er* | templ**um** | victor | pat*er* | legiō | genus |
| G. | amīc**ae** | amīc**ī** | agr**ī** | templ**ī** | victōr**is** | patr**is** | legiōn**is** | gener**is** |
| D. | amīc**ae** | amīc**ō** | agr**ō** | templ**ō** | victōr**ī** | patr**ī** | legiōn**ī** | gener**ī** |
| Akk. | amīc**am** | amīc**um** | agr**um** | templ**um** | victōr**em** | patr**em** | legiōn**em** | genus |
| Abl. | ab amīc**ā** | ab amīc**ō** | agr**ō** | templ**ō** | ā victōr**e** | ā patr**e** | legiōn**e** | gener**e** |
| **Pl.** | | | | | | | | |
| N. | amīc**ae** | amīc**ī** | agr**ī** | templ**a** | victōr**ēs** | patr**ēs** | legiōn**ēs** | gener**a** |
| G. | amīc**ārum** | amīc**ōrum** | agr**ōrum** | templ**ōrum** | victōr**um** | patr**um** | legiōn**um** | gener**um** |
| D. | amīc**īs** | amīc**īs** | agr**īs** | templ**īs** | victōr**ibus** | patr**ibus** | legiōn**ibus** | gener**ibus** |
| Akk. | amīc**ās** | amīc**ōs** | agr**ōs** | templ**a** | victōr**ēs** | patr**ēs** | legiōn**ēs** | gener**a** |
| Abl. | ab amīc**īs** | ab amīc**īs** | agr**īs** | templ**īs** | ā victōr**ibus** | ā patr**ibus** | legiōn**ibus** | gener**ibus** |

### Adjektivgruppe I

**I 2.1**

| | ā- und o-Deklination | | | | | |
|---|---|---|---|---|---|---|
| | *froh* | | | *elend* | | |
| | m | f | n | m | f | n |
| **Sg.** | | | | | | |
| N. | laet**us** | laet**ā** | laet**um** | miser | miser**a** | miser**um** |
| G. | laet**ī** | laet**ae** | laet**ī** | miser**ī** | miser**ae** | miser**ī** |
| D. | laet**ō** | laet**ae** | laet**ō** | miser**ō** | miser**ae** | miser**ō** |
| Akk. | laet**um** | laet**am** | laet**um** | miser**um** | miser**am** | miser**um** |
| Abl. | laet**ō** | laet**ā** | laet**ō** | miser**ō** | miser**ā** | miser**ō** |
| **Pl.** | | | | | | |
| N. | laet**ī** | laet**ae** | laet**a** | miser**ī** | miser**ae** | miser**a** |
| G. | laet**ōrum** | laet**ārum** | laet**ōrum** | miser**ōrum** | miser**ārum** | miser**ōrum** |
| D. | laet**īs** | laet**īs** | laet**īs** | miser**īs** | miser**īs** | miser**īs** |
| Akk. | laet**ōs** | laet**ās** | laet**a** | miser**ōs** | miser**ās** | miser**a** |
| Abl. | laet**īs** | laet**īs** | laet**īs** | miser**īs** | miser**īs** | miser**īs** |

*Beachte:*
Substantive und Adjektive auf **-us** haben im Singular eine eigene **Anredeform** (*Vokativ*): amīc**e** (mein) Freund bzw. laet**e** (amīc**e**). In allen anderen Fällen ist der Vokativ gleich dem Nominativ.

# DEKLINATIONEN

## Substantive

**I 1.2**

| | Konsonantische Deklination (Besonderheiten) | | | | u-Deklin. | ē-Deklin. |
|---|---|---|---|---|---|---|
| | *Turm* | *Meer* | *Schiff* | *Stadt* | *Beamter* | *Sache* |
| | f | n | f | f | m | f |
| **Sg.** | | | | | | |
| N. | turr**is** | mare | nāv**is** | urbs | magistrāt**us** | r**ēs** |
| G. | turr**is** | mar**is** | nāv**is** | urb**is** | magistrāt**ūs** | r**ĕī** |
| D. | turr**ī** | mar**ī** | nāv**ī** | urb**ī** | magistrāt**uī** | r**ĕī** |
| Akk. | turr**im** | mare | nāv**em** | urb**em** | magistrāt**um** | r**ĕm** |
| Abl. | turr**ī** | mar**ī** | nāv**e** | urb**e** | magistrāt**ū** | r**ē** |
| **Pl.** | | | | | | |
| N. | turr**ēs** | mar**ia** | nāv**ēs** | urb**ēs** | magistrāt**ūs** | r**ēs** |
| G. | turr**ium** | mar**ium** | nāv**ium** | urb**ium** | magistrāt**uum** | r**ērum** |
| D. | turr**ibus** | mar**ibus** | nāv**ibus** | urb**ibus** | magistrāt**ibus** | r**ēbus** |
| Akk. | turr**ēs**(-**īs**) | mar**ia** | nāv**ēs** | urb**ēs** | magistrāt**ūs** | r**ēs** |
| Abl. | turr**ibus** | mar**ibus** | nāv**ibus** | urb**ibus** | magistrāt**ibus** | r**ēbus** |

## Adjektivgruppe II

**I 2.2**

| | Konsonantische Deklination | | | | | |
|---|---|---|---|---|---|---|
| | *scharf* | | | *weise* | | |
| | m | f | n | m/f | | n |
| **Sg.** | | | | | | |
| N. | ācer | ācr**is** | ācr**e** | | sapiēns | |
| G. | | ācr**is** | | | sapient**is** | |
| D. | | ācr**ī** | | | sapient**ī** | |
| Akk. | ācr**em** | | ācr**e** | sapient**em** | | sapiēns |
| Abl. | | ācr**ī** | | | sapient**ī** | |
| **Pl.** | | | | | | |
| N. | ācr**ēs** | | ācr**ia** | sapient**ēs** | | sapient**ia** |
| G. | | ācr**ium** | | | sapient**ium** | |
| D. | | ācr**ibus** | | | sapient**ibus** | |
| Akk. | ācr**ēs** | | ācr**ia** | sapient**ēs** | | sapient**ia** |
| Abl. | | ācr**ibus** | | | sapient**ibus** | |

*Beachte:*
Die **Komparative** aller Adjektive werden wie die Substantive der Konsonantischen Deklination gebeugt.
Das **Partizip Präsens Aktiv** wird wie *sapiēns* dekliniert.
**Ausnahme**: Abl. Sg. **-e**: z. B. vocante (aber adjektivisch: **-ī**, z. B. imminentī perīculō vexārī).

# PRONOMINA

## Personal-Pronomina

**II₁**

| | 1. Person | 2. Person | 3. Person | | | |
|---|---|---|---|---|---|---|
| | | | nicht reflexiv | | | reflexiv |
| | *ich* | *du* | *er* | *sie* | *es* | |
| **Sg.** | | | | | | |
| N. | ego | tū | is | ea | **id** | – |
| G. | meī | tuī | | eius | | suī |
| D. | mihī | tibī | | eī | | sibī |
| Akk. | mē | tē | eum | eam | **id** | sē |
| Abl. | (ā) mē | (ā) tē | (ab) eō | (ab) eā | (ab) eō | (ā) sē |
| | *wir* | *ihr* | *sie* | | | |
| **Pl.** | | | | | | |
| N. | nōs | vōs | eī (iī) | eae | ea | – |
| G. | nostrī/ nostrum | vestrī/ vestrum | eōrum | eārum | eōrum | suī |
| D. | nōbīs | vōbīs | | eīs (iīs) | | sibī |
| Akk. | nōs | vōs | eōs | eās | ea | sē |
| Abl. | (ā) nōbīs | (ā) vōbīs | | (ab) eīs (iīs) | | (ā) sē |

*Verwendung:* memor vestrī: in Erinnerung an euch (Objekt)
quis nostrum: wer von uns (Teilungs-Genitiv)

## Possessiv-Pronomina

**II₂**

| | | |
|---|---|---|
| 1. P. | meus / -a / -um | *mein* |
| 2. P. | tuus / -a / -um | *dein* |
| 3. P | eius (*nicht refl.*)<br>suus / -a / -um (*refl.*) | *sein(e) / ihr(e)* |

| | |
|---|---|
| noster / -tra / -trum | *unser* |
| vester / -tra / -trum | *euer* |
| eōrum / eārum / eōrum (*nicht refl.*)<br>suus / -a / -um (*refl.*) | *ihr(e)* |

## Demonstrativ-Pronomina

**II₃**

| | **is / ea / id**<br>*dieser, derjenige* | | | **hic / heac / hoc**<br>*dieser (mein/unser)* | | | **ille / illa / illud**<br>*jener (sein/ihr)* | | |
|---|---|---|---|---|---|---|---|---|---|
| | m | f | n | m | f | n | m | f | n |
| **Sg.** | | | | | | | | | |
| N. | is | ea | **id** | hi*c* | hae*c* | ho*c* | ille | illa | illu**d** |
| G. | | eius | | | huius | | | illīus | |
| D. | | eī | | | huic | | | illī | |
| Akk. | eum | eam | **id** | hun*c* | han*c* | ho*c* | illum | illam | illu**d** |
| Abl. | eō | eā | eō | hō*c* | hā*c* | hō*c* | illō | illā | illō |
| **Pl.** | | | | | | | | | |
| N. | eī (iī) | eae | ea | hī | hae | hae*c* | illī | illae | illa |
| G. | eōrum | eārum | eōrum | hōrum | hārum | hōrum | illōrum | illārum | illōrum |
| D. | | eīs (iīs) | | | hīs | | | illīs | |
| Akk. | eōs | eās | ea | hōs | hās | hae*c* | illōs | illās | illa |
| Abl. | | eīs (iīs) | | | hīs | | | illīs | |

*ipse* und *iste* werden wie *ille* dekliniert. Ausnahme: N./Akk. Sg. n: *ipsum*

## Interrogativ-Pronomen **II$_4$**

| | **quis?** *wer?* | **quid?** *was?* | **quī/quae/quod?** *welcher/welche(s)?* | | |
|---|---|---|---|---|---|
| | substantivisch | | adjektivisch | | |
| | m/f | n | m | f | n |
| N. | quis | qui**d** | quī | quae | quo**d** |
| G. | cuius | | | cuius | |
| D. | cui | | | cui | |
| Akk. | quem | qui**d** | | *usw.* | |
| Abl. | ā quō/ quōcum | | | *wie Relativ-Pron. ↗ Tab. II$_5$* | |

## Relativ-Pronomen **II$_5$**

| | | **quī/quae/quod** *der/die/das; welcher(r/s)* | | |
|---|---|---|---|---|
| | | m | f | n |
| **Sg.** | N. | quī | quae | quod |
| | G. | | cuius | |
| | D. | | cui | |
| | Akk. | quem | quam | quod |
| | Abl. | quō | quā | quō |
| **Pl.** | N. | quī | quae | quae |
| | G. | quōrum | quārum | quōrum |
| | D. | | quibus | |
| | Akk. | quōs | quās | quae |
| | Abl. | | quibus | |

## Indefinit-Pronomina **II$_6$**

| | | **quīdam/quaedam/quoddam** *ein gewisser* | | |
|---|---|---|---|---|
| | | *adjektivisch* | | |
| | | m | f | n |
| **Sg.** | N. | quīdam | quaedam | quoddam |
| | G. | | cuiusdam | |
| | D. | | cuidam | |
| | Akk. | que**n**dam | qua**n**dam | quoddam |
| | Abl. | quōdam | quādam | quōdam |
| **Pl.** | N. | quīdam | quaedam | quaedam |
| | G. | quōru**n**dam | quāru**n**dam | quōru**n**dam |
| | *usw.* | *usw.* ↗ *Tab. II$_5$* | | |

Bei substantivischem Gebrauch lautet der Nominativ/Akkusativ Singular des Neutrums ***quiddam***.

| | **quis/quid** **quī/qua(e)/quod** | | | **aliquis/aliquid** **aliquī/aliqua/aliquod** | | | **quisquam/quicquam** | |
|---|---|---|---|---|---|---|---|---|
| | *substantivisch* (nur im Singular): *irgendeine(r)/jemand, (irgend-)etwas* | | | | | | | |
| | m/f | | n | m/f | | n | m/f | n |
| N. | quis | | quid | aliquis | | aliquid | quisquam | quicquam (quidquam) |
| G. | cuius | | | alicuius | | | cuiusquam | |
| *usw.* | *usw.* | | | *usw.* | | | *usw.* | |
| | adjektivisch (Sngular und Plural): *irgendeine/eine/ein* | | | | | | | |
| | m | f | n | m | f | n | | |
| N. | quī | qua(e) | quod | aliquī | aliqua | aliquod | | |
| G. | | cuius | | | alicuius | | | |
| *usw.* | | *usw.* | | | *usw.* | | | |

# NUMERALIA

# III

## Übersicht

| Ziffer | Grundzahl | Ordnungszahl | Ziffer | Grundzahl | Ordnungszahl |
|---|---|---|---|---|---|
| 1 I | ūnus/-a/-um | prīmus | | | |
| 2 II | duo/-ae/-o | secundus | 20 XX | vīgintī | vīcēsimus |
| 3 III | trēs/tria | tertius | 30 XXX | trīgintā | trīcēsimus |
| 4 IV | quattuor | quārtus | 40 XL | quadrāgintā | quadrāgēsimus |
| 5 V | quīnque | quīntus | 50 L | quīnquāgintā | quīnquāgēsimus |
| 6 VI | sex | sextus | 60 LX | sexāgintā | sexāgēsimus |
| 7 VII | septem | septimus | 70 LXX | septuāgintā | septuāgēsimus |
| 8 VIII | octō | octāvus | 80 LXXX | octōgintā | octōgēsimus |
| 9 IX | novem | nōnus | 90 XC | nōnāgintā | nōnāgēsimus |
| 10 X | decem | decimus | 100 C | centum | centēsimus |
| 11 XI | úndecim | ūn-decimus | | | |
| 12 XII | duódecim | duo-decimus | 200 CC | ducentī | ducentēsimus |
| 13 XII | trēdecim | tertius decimus | 300 CCC | trecentī | trecentēsimus |
| 14 XIV | quattuordecim | quārtus decimus | 400 CD | quadringentī | quadringentēsimus |
| 15 XV | quīndecim | quīntus decimus | 500 D | quīngentī | quīngentēsimus |
| 16 XVI | sēdecim | sextus decimus | 600 DC | sescentī | sescentēsimus |
| 17 XVII | septendecim | septimus decimus | 700 DCC | septingentī | septingentēsimus |
| 18 XVIII | duo-dēvīgintī | duodēvīcēsimus | 800 DCCC | octingentī | octingentēsimus |
| 19 XIX | ūn-dēvīgintī | ūndēvīcēsimus | 900 CM | nōngentī | nōngentēsimus |
| | | | 1000 M | mīlle | mīllēsimus |
| 20 XX | vīgintī | vīcēsimus | 2000 MM | duo mīlia | bis mīllēsimus |

*Beachte:* mīlle equitēs, *aber:* duo mīlia equitum

**Bildungsweise der Grund- und der Ordnungszahlen**

**Einer, Zehner und Hunderter** derselben Zahl[1] sind in der Regel jeweils **vom gleichen Bedeutungsteil** gebildet, z. B. **trēs/tria** (drei) – **trī**gintā (dreißig) – **tre**centī (dreihundert).

Folgende Bildungselemente sind kennzeichnend:

| | bei Grundzahlen | bei Ordnungszahlen |
|---|---|---|
| für Zehner | -gintī/-gintā | -cēsimus/-gēsimus |
| für Hunderter | **-centī/-gentī** | **-centēsim**us/**-gentēsim**us |

Die Ordnungszahlen sind alle deklinierbar, von den Grundzahlen nur
- die Einer **ūnus/-a/-um**: **duo/duae/duo**: **trēs/tria**,
- die Vielfachen von Hundert, z. B. **trecentī/-ae/-a**,
- die Vielfachen von Tausend ab 2000, z. B. **tria mīlia, decem mīlia**.

| ūnus | | | duo | | | trēs | | | mīlia |
|---|---|---|---|---|---|---|---|---|---|
| ūnus | ūna | ūnum | duo | duae | duo | trēs | trēs | tria | mīlia |
| | ūnius | | duōrum | duārum | duōrum | | trium | | mīlium |
| | ūnī | | duōbus | duābus | duōbus | | tribus | | mīlibus |
| ūnum | ūnam | ūnum | duō(s) | duās | duo | trēs | trēs | tria | mīlia |
| ūnō | ūnā | ūnō | duōbus | duābus | duōbus | | tribus | | mīlibus |

[1]) Auch die Grundzahlen 11–17 sind mithilfe des gleichen Bedeutungsteils gebildet wie die entsprechenden Einerzahlen. Hinzu tritt das Element *-decim* (< decem).

# STEIGERUNG DER ADJEKTIVE

# IV

## Regelmäßige Steigerung

| Positiv | Komparativ | | Superlativ | |
|---|---|---|---|---|
| longus/-a/-um | long**ior** | long**ius** | long*issimus*/-a/-um | *lang* |
| fortis/-e | fort**ior** | fort**ius** | fort*issimus*/-a/-um | *tapfer* |
| prūdēns (prūdent-is) | prūdent**ior** | prūdent**ius** | prūdent*issimus*/-a/-um | *klug* |
| miser | miser**ior** | | miser*rimus* | *elend* |
| misera | miser**ior** | | miser*rima* | |
| miserum | | miser**ius** | miser*rimum* | |
| pulch*er* | pulchr**ior** | | pulch*errimus* | *schön* |
| pulchra | pulchr**ior** | | pulch*errima* | |
| pulchrum | | pulchr**ius** | pulch*errimum* | |
| āc*er* | ācr**ior** | | āc*errimus* | *scharf* |
| ācris | ācr**ior** | | āc*errima* | |
| ācre | | ācr**ius** | āc*errimum* | |
| similis/-e | simil**ior** | simil**ius** | simil*limus*/-a/-um | *ähnlich* |

## Unregelmäßige Steigerung

| Positiv | Komparativ | Superlativ | |
|---|---|---|---|
| māgnus/ -a/-um | māior, māius | māximus/ -a/-um | *groß* |
| parvus/ -a/-um | minor, minus | minimus/ -a/-um | *klein* |
| bonus/ -a/-um | melior, melius | optimus/ -a/-um | *gut* |
| malus/ -a/-um | pēior, pēius | pessimus/ -a/-um | *schlecht* |
| multī/ -ae/-a | plūrēs, plūra | plūrimī/ -ae/-a | *viele* |
| multum | plūs | plūrimum | *viel* |

Die Formen des Komparativs werden nach der Konsonantischen Deklination gebeugt.

# ADVERB

# V

## Bildung und Steigerung

| Adjektiv | Positiv | Komparativ | Superlativ | |
|---|---|---|---|---|
| longus/-a/-um | long**ē** | long**ius** | long*issimē* | *lang, weit* |
| fortis/-e | fort**iter** | fort**ius** | fort*issimē* | *tapfer* |
| prūdēns (prūdent-is) | prūden**ter** | prūdent**ius** | prūdent*issimē* | *klug* |
| miser, misera, miserum | miser**ē** | miser**ius** | miser*rimē* | *elend* |
| pulch*er*/-chra/-chrum | pulchr**ē** | pulchr**ius** | pulch*errimē* | *schön* |
| celer/celeris/celere | celer**iter** | celer**ius** | celer*rimē* | *schnell* |
| āc*er*/ācris/ācre | ācr**iter** | ācr**ius** | āc*errimē* | *scharf* |
| similis/-e | simil**iter** | simil**ius** | simil*limē* | *ähnlich* |

# VERB

## KONJUGATIONEN

**VI** $_{1.1}$

### Präsens-Stamm Aktiv

| | AKTIV | ā-Konjugation | ē-Konjugation | ī-Konjugation (langvokalisch) | ĭ-Konjugation (kurzvokalisch) | Konsonantische Konjugation |
|---|---|---|---|---|---|---|
| | Infinitiv | *lieben*<br>amā́-re | *mahnen*<br>monḗ-re | *fesseln*<br>vincī́-re | *fangen*<br>cápĕ-re | *treiben*<br>péll-*ĕ*-re |
| **Präsens** | Indikativ | | | | | |
| **Präsens** | *ich liebe, …* | ámō<br>ámā-s<br>áma-t<br>amā́-mus<br>amā́-tis<br>áma-nt | móne-ō<br>mónē-s<br>móne-t<br>monḗ-mus<br>monḗ-tis<br>móne-nt | vínci-ō<br>víncī-s<br>vínci-t<br>vincī́-mus<br>vincī́-tis<br>vínci-*u*nt | cápĭ-ō<br>cápĭ-s<br>cápĭ-t<br>cápĭ-mus<br>cápĭ-tis<br>cápĭ-*u*nt | péll-ō<br>péll-*i*s<br>péll-*i*t<br>péll-*i*mus<br>péll-*i*tis<br>péll-*u*nt |
| **Präsens** | Konjunktiv | | | | | |
| **Präsens** | | ám-**em**<br>ám-**ēs**<br>ám-**et**<br>am-**ḗ**mus<br>am-**ḗ**tis<br>ám-**e**nt | móne-**am**<br>móne-**ās**<br>móne-**at**<br>mone-**ā́**mus<br>mone-**ā́**tis<br>móne-**a**nt | vínci-**am**<br>vínci-**ās**<br>vínci-**at**<br>vinci-**ā́**mus<br>vinci-**ā́**tis<br>vínci-**a**nt | cápĭ-**am**<br>cápĭ-**ās**<br>cápĭ-**at**<br>capĭ-**ā́**mus<br>capĭ-**ā́**tis<br>cápĭ-**a**nt | péll-**am**<br>péll-**ās**<br>péll-**at**<br>pell-**ā́**mus<br>pell-**ā́**tis<br>péll-**a**nt |
| **Imperfekt** | Indikativ | | | | | |
| **Imperfekt** | *ich liebte, …* | amā́-**bam**<br>amā́-**bās**<br>amā́-**bat**<br>amā-**bā́**mus<br>amā-**bā́**tis<br>amā́-**ba**nt | monḗ-**bam**<br>monḗ-**bās**<br>monḗ-**bat**<br>monē-**bā́**mus<br>monē-**bā́**tis<br>monḗ-**ba**nt | vinci-*ḗ***bam**<br>vinci-*ḗ***bās**<br>vinci-*ḗ***bat**<br>vinci-*ē***bā́**mus<br>vinci-*ē***bā́**tis<br>vinci-*ḗ***ba**nt | capĭ-*ḗ***bam**<br>capĭ-*ḗ***bās**<br>capĭ-*ḗ***bat**<br>capĭ-*ē***bā́**mus<br>capĭ-*ē***bā́**tis<br>capĭ-*ḗ***ba**nt | pell-*ḗ***bam**<br>pell-*ḗ***bās**<br>pell-*ḗ***bat**<br>pell-*ē***bā́**mus<br>pell-*ē***bā́**tis<br>pell-*ḗ***ba**nt |
| **Imperfekt** | Konjunktiv | | | | | |
| **Imperfekt** | | amā́-**rem**<br>amā́-**rēs**<br>amā́-**ret**<br>amā-**rḗ**mus<br>amā-**rḗ**tis<br>amā́-**re**nt | monḗ-**rem**<br>monḗ-**rēs**<br>monḗ-**ret**<br>monē-**rḗ**mus<br>monē-**rḗ**tis<br>monḗ-**re**nt | vincī́-**rem**<br>vincī́-**rēs**<br>vincī́-**ret**<br>vincī-**rḗ**mus<br>vincī-**rḗ**tis<br>vincī́-**re**nt | cápĕ-**rem**<br>cápĕ-**rēs**<br>cápĕ-**ret**<br>cápĕ-**rḗ**mus<br>cápĕ-**rḗ**tis<br>cápĕ-**re**nt | péll-*e***rem**<br>péll-*e***rēs**<br>péll-*e***ret**<br>pell-*e***rḗ**mus<br>pell-*e***rḗ**tis<br>péll-*e***re**nt |
| **Futur I** | *ich werde lieben, …* | amā́-**bō**<br>amā́-**b***i*s<br>amā́-**b***i*t<br>amā́-**b***i*mus<br>amā́-**b***i*tis<br>amā́-**b***u*nt | monḗ-**bō**<br>monḗ-**b***i*s<br>monḗ-**b***i*t<br>monḗ-**b***i*mus<br>monḗ-**b***i*tis<br>monḗ-**b***u*nt | vínci-**am**<br>vínci-**ēs**<br>vínci-**et**<br>vinci-**ḗ**mus<br>vinci-**ḗ**tis<br>vínci-**e**nt | cápĭ-**am**<br>cápĭ-**ēs**<br>cápĭ-**et**<br>capĭ-**ḗ**mus<br>capĭ-**ḗ**tis<br>cápĭ-**e**nt | péll-**am**<br>péll-**ēs**<br>péll-**et**<br>pell-**ḗ**mus<br>pell-**ḗ**tis<br>péll-**e**nt |
| | Imperativ | | | | | |
| | *liebe!*<br>*liebt!* | ámā!<br>amā́-te! | mónē!<br>monḗ-te! | víncī!<br>vincī́-te! | cápĕ!<br>cápĭ-te! | péll-*ĕ*!<br>péll-*i*te! |

# KONJUGATIONEN

## Präsens-Stamm Passiv



| | PASSIV | ā-<br>Konjugation | ē-<br>Konjugation | ī-Konjugation<br>(langvokalisch) | ĭ-Konjugation<br>(kurzvokalisch) | Konsonantische<br>Konjugation |
|---|---|---|---|---|---|---|
| **Präsens** | Infinitiv | *geliebt werden*<br>amā́-**rī** | *gemahnt werden*<br>monḗ-**rī** | *gefesselt werden*<br>vincī́-**rī** | *gefangen werden*<br>cáp**ī** | *getrieben werden*<br>péll-**ī** |
| | Indikativ | | | | | |
| | *ich werde geliebt, …* | ám-or<br>amā́-ris<br>amā́-tur<br>amā́-mur<br>amā́-minī<br>amá-ntur | móne-or<br>monḗ-ris<br>monḗ-tur<br>monḗ-mur<br>monḗ-minī<br>moné-ntur | vī́nci-or<br>vincī́-ris<br>vincī́-tur<br>vincī́-mur<br>vincī́-minī<br>vinci-*ú*ntur | cápĭ-or<br>cápĕ-ris<br>cápĭ-tur<br>cápĭ-mur<br>capĭ́-minī<br>capĭ-*ú*ntur | péll-or<br>péll-*e*ris<br>péll-*i*tur<br>péll-*i*mur<br>pell-*ĭ́*minī<br>pell-*ú*ntur |
| | Konjunktiv | | | | | |
| | | ám-**er**<br>am-**ḗ**ris<br>am-**ḗ**tur<br>am-**ḗ**mur<br>am-**ḗ**minī<br>am-**é**ntur | móne-**ar**<br>mone-**ā́**ris<br>mone-**ā́**tur<br>mone-**ā́**mur<br>mone-**ā́**minī<br>mone-**á**ntur | vī́nci-**ar**<br>vinci-**ā́**ris<br>vinci-**ā́**tur<br>vinci-**ā́**mur<br>vinci-**ā́**minī<br>vinci-**á**ntur | cápĭ-**ar**<br>capĭ-**ā́**ris<br>capĭ-**ā́**tur<br>capĭ-**ā́**mur<br>capĭ-**ā́**minī<br>capĭ-**á**ntur | péll-**ar**<br>pell-**ā́**ris<br>pell-**ā́**tur<br>pell-**ā́**mur<br>pell-**ā́**minī<br>pell-**á**ntur |
| **Imperfekt** | Indikativ | | | | | |
| | *ich wurde geliebt, …* | amā́-**bar**<br>amā-**bā́**ris<br>amā-**bā́**tur<br>amā-**bā́**mur<br>amā-**bā́**minī<br>amā-**bá**ntur | monḗ-**bar**<br>monē-**bā́**ris<br>monē-**bā́**tur<br>monē-**bā́**mur<br>monē-**bā́**minī<br>monē-**bá**ntur | vinci-*ḗ***bar**<br>vinci-*ē***bā́**ris<br>vinci-*ē***bā́**tur<br>vinci-*ē***bā́**mur<br>vinci-*ē***bā́**minī<br>vinci-*ē***bá**ntur | capĭ-*ḗ***bar**<br>capĭ-*ē***bā́**ris<br>capĭ-*ē***bā́**tur<br>capĭ-*ē***bā́**mur<br>capĭ-*ē***bā́**minī<br>capĭ-*ē***bá**ntur | pell-*ḗ***bar**<br>pell-*ē***bā́**ris<br>pell-*ē***bā́**tur<br>pell-*ē***bā́**mur<br>pell-*ē***bā́**minī<br>pell-*ē***bá**ntur |
| | Konjunktiv | | | | | |
| | | amā́-**rer**<br>amā-**rḗ**ris<br>amā-**rḗ**tur<br>amā-**rḗ**mur<br>amā-**rḗ**minī<br>amā-**ré**ntur | monḗ-**rer**<br>monē-**rḗ**ris<br>monē-**rḗ**tur<br>monē-**rḗ**mur<br>monē-**rḗ**minī<br>monē-**ré**ntur | vincī́-**rer**<br>vincī-**rḗ**ris<br>vincī-**rḗ**tur<br>vincī-**rḗ**mur<br>vincī-**rḗ**minī<br>vincī-**ré**ntur | cápĕ-**rer**<br>cápĕ-**rḗ**ris<br>cápĕ-**rḗ**tur<br>cápĕ-**rḗ**mur<br>cápĕ-**rḗ**minī<br>cápĕ-**ré**ntur | péll-*e***rer**<br>pell-*e***rḗ**ris<br>pell-*e***rḗ**tur<br>pell-*e***rḗ**mur<br>pell-*e***rḗ**minī<br>pell-*e***ré**ntur |
| **Futur I** | *ich werde geliebt werden, …* | amā́-**b**or<br>amā́-**b**eris<br>amā́-**b***i*tur<br>amā́-**b***i*mur<br>amā-**b***ĭ́*minī<br>amā-**b***ú*ntur | monḗ-**b**or<br>monḗ-**b**eris<br>monḗ-**b***i*tur<br>monḗ-**b***i*mur<br>monē-**b***ĭ́*minī<br>monē-**b***ú*ntur | vī́nci-**ar**<br>vinci-**ḗ**ris<br>vinci-**ḗ**tur<br>vinci-**ḗ**mur<br>vinci-**ḗ**minī<br>vinci-**é**ntur | cápĭ-**ar**<br>capĭ-**ḗ**ris<br>capĭ-**ḗ**tur<br>capĭ-**ḗ**mur<br>capĭ-**ḗ**minī<br>capĭ-**é**ntur | péll-**ar**<br>pell-**ḗ**ris<br>pell-**ḗ**tur<br>pell-**ḗ**mur<br>pell-**ḗ**minī<br>pell-**é**ntur |

„r" -> charakteristisch

## KONJUGATIONEN

### Perfekt, Plusquamperfekt, Futur II Aktiv

# VI$_{2.1}$

| | AKTIV | v-Perfekt | u-Perfekt | s-Perfekt | Dehnung | Reduplikation |
|---|---|---|---|---|---|---|
| **Perfekt** | Infinitiv | *geliebt haben*<br>amā**v**-ísse | *gemahnt haben*<br>mon**u**-ísse | *gefesselt haben*<br>vīn**x**-ísse | *gefangen haben*<br>cēp-ísse | *getrieben haben*<br>**pe**pul-ísse |
| | Indikativ | | | | | |
| | *ich habe geliebt, …* | amā́**v**-ī<br>amā**v**-ístī<br>amā́**v**-it<br>amā́**v**-imus<br>amā**v**-ístis<br>amā**v**-ḗrunt | mónu-ī<br>mon**u**-ístī<br>*usw.* | vī́n**x**-ī<br>vīn**x**-ístī<br>*usw.* | cḗp-ī<br>cēp-ístī<br>*usw.* | **pé**pul-ī<br>**pe**pul-ístī<br>*usw.* |
| | Konjunktiv | | | | | |
| | | amā́**v**-erim<br>amā́**v**-eris<br>amā́**v**-erit<br>amā**v**-érimus<br>amā**v**-éritis<br>amā́**v**-erint | mon**ú**-erim<br>mon**ú**-eris<br>*usw.* | vī́n**x**-erim<br>vī́n**x**-eris<br>*usw.* | cḗp-erim<br>cḗp-eris<br>*usw.* | **pe**púl-erim<br>**pe**púl-eris<br>*usw.* |
| **Plusquamperfekt** | Indikativ | | | | | |
| | *ich hatte geliebt, …* | amā́**v**-eram<br>amā́**v**-erās<br>amā́**v**-erat<br>amā**v**-erā́mus<br>amā**v**-erā́tis<br>amā́**v**-erant | mon**ú**-eram<br>mon**ú**-erās<br>*usw.* | vī́n**x**-eram<br>vī́n**x**-erās<br>*usw.* | cḗp-eram<br>cḗp-erās<br>*usw.* | **pe**púl-eram<br>**pe**púl-erās<br>*usw.* |
| | Konjunktiv | | | | | |
| | | amā**v**-íssem<br>amā**v**-íssēs<br>amā**v**-ísset<br>amā**v**-issḗmus<br>amā**v**-issḗtis<br>amā**v**-íssent | mon**u**-íssem<br>mon**u**-íssēs<br>*usw.* | vīn**x**-íssem<br>vīn**x**-íssēs<br>*usw.* | cēp-íssem<br>cēp-íssēs<br>*usw.* | **pe**pul-íssem<br>**pe**pul-íssēs<br>*usw.* |
| **Futur II** | | amā́**v**-erō<br>amā́**v**-eris<br>amā́**v**-erit<br>amā**v**-érimus<br>amā**v**-éritis<br>amā́**v**-erint | mon**ú**-erō<br>mon**ú**-eris<br>*usw.* | vī́n**x**-erō<br>vī́n**x**-eris<br>*usw.* | cḗp-erō<br>cḗp-eris<br>*usw.* | **pe**púl-erō<br>**pe**púl-eris<br>*usw.* |

## Perfekt, Plusquamperfekt, Futur II Passiv

**VI$_{2.2}$**

| | | | Perfekt | | Plusquamperfekt | Futur II |
|---|---|---|---|---|---|---|
| Indikativ | Sg. | *ich bin geliebt/ getrieben worden –* | amā**tus/**<br>**-a/ (-um)**<br>puls**us,**<br>**-a/ (-um)** | sum<br>es<br>est | eram<br>erās<br>erat | erō<br>eris<br>erit |
| | Pl. | *ich wurde geliebt/ getrieben usw.* | amā**tī/**<br>**-ae/ (-a)**<br>puls**ī,**<br>**-ae/ (-a)** | sumus<br>estis<br>sunt | erāmus<br>erātis<br>erant | erimus<br>eritis<br>erunt |
| Konjunktiv | Sg. | | amā**tus/**<br>**-a/ (-um)**<br>puls**us,**<br>**-a/ (-um)** | sim<br>sīs<br>sit | essem<br>essēs<br>esset | |
| | Pl. | | amā**tī/**<br>**-ae/ (-a)**<br>puls**ī,**<br>**-ae/ (-a)** | sīmus<br>sītis<br>sint | essēmus<br>essētis<br>essent | |

## Nominalformen des Verbs – Infinitive

**VI$_3$**

| Infinitiv | | ā-Konjugation | ē-Konjugation | ī-Konjugation | ĭ-Konjugation | Konsonantische Konjugation |
|---|---|---|---|---|---|---|
| AKTIV | **Präsens** | amā́-**re** | monḗ-**re** | vincī́-**re** | cápĕ-**re** | péll-ĕ-**re** |
| | **Perfekt** | amāv-**ísse** | monu-**ísse** | vīnx-**ísse** | cēp-**ísse** | pepul-**ísse** |
| | **Futur** | amāt-**ū́rum/**<br>**-t-ū́ram/**<br>**-t-ū́rum esse** | monit-**ū́rum/**<br>**-t-ū́ram/**<br>**-t-ū́rum esse** | vīnct-**ū́rum/**<br>**-t-ū́ram/**<br>**-t-ū́rum esse** | capt-**ū́rum/**<br>**-t-ū́ram/**<br>**-t-ū́rum esse** | puls-**ū́rum/**<br>**-s-ū́ram/**<br>**-s-ū́rum esse** |
| PASSIV | **Präsens** | amā́-**rī** | monḗ-**rī** | vincī́-**rī** | cáp**ī** | péll-**ī** |
| | **Perfekt** | amā́t-**um/**<br>**-t-am/**<br>**-t-um esse** | mónit-**um/**<br>**-t-am/**<br>**-t-um esse** | vī́nct-**um/**<br>**-t-am/**<br>**-t-um esse** | cápt-**um/**<br>**-t-am/**<br>**-t-um esse** | púls-**um/**<br>**-s-am/**<br>**-s-um esse** |

## Nominalformen des Verbs – Partizipien

| Partizip | | ā-Konjugation | ē-Konjugation | ī-Konjugation | ĭ-Konjugation | Konsonantische Konjugation |
|---|---|---|---|---|---|---|
| AKTIV | **Präsens** | ā́mā-**ns, -ntis** | mónē-**ns, -ntis** | vī́nci-ē-**ns, -ntis** | cápi-ē-**ns, -ntis** | péll-ē-**ns, -ntis** |
| | **Futur** | ā́māt-**ū́rus/**<br>**-t-ū́ra/**<br>**-t-ū́rum** | monit-**ū́rus/**<br>**-t-ū́ra/**<br>**-t-ū́rum** | vīnct-**ū́rus/**<br>**-t-ū́ra/**<br>**-t-ū́rum** | capt-**ū́rus/**<br>**-t-ū́ra/**<br>**-t-ū́rum** | puls-**ū́rus/**<br>**-s-ū́ra/**<br>**-s-ū́rum** |
| PASSIV | **Perfekt** | amā́t-**us/**<br>**-t-a/**<br>**-t-um** | mónit-**us/**<br>**-t-a/**<br>**-t-um** | vī́nct-**us/**<br>**-t-a/**<br>**-t-um** | capt-**us/**<br>**-t-a/**<br>**-t-um** | puls-**us/**<br>**-s-a/**<br>**-s-um** |

### Nominalformen des Verbs – Gerundium/ Gerundivum

| Gerundium | ā-Konjugation | ē-Konjugation | ī-Konjugation | ĭ-Konjugation | Konsonantische Konjugation |
|---|---|---|---|---|---|
| AKTIV | amá-ndī<br>*usw.* | moné-ndī<br>*usw.* | vinci-*é*ndī<br>*usw.* | capi-*é*ndī<br>*usw.* | pell-*é*ndī<br>*usw.* |
| **Gerundivum** | **ā-Konjugation** | **ē-Konjugation** | **ī-Konjugation** | **ĭ-Konjugation** | **Konsonantische Konjugation** |
| PASSIV | amá-ndus/<br>-a/ -um | moné-ndus/<br>-a/ -um | vinci-*é*ndus/<br>-a/ -um | capi-*é*ndus/<br>-a/ -um | pell-*é*ndus/<br>-a/ -um |

# VERB

# VII

## Stammformen – Perfekt-Bildung

## 1 Perfekt-Bildung mit -v-

### ā-Konjugation

| | | | | |
|---|---|---|---|---|
| amō | amāvī | amātum | amāre | lieben, verliebt sein |

Ebenso bilden die meisten Verben der ā-Konjugation die Perfektformen.

### ē-Konjugation

| | | | | |
|---|---|---|---|---|
| dēleō | dēlēvī | dēlētum | dēlēre | zerstören, vernichten |
| fleō | flēvī | flētum | flēre | weinen, beklagen |

### ī-Konjugation

| | | | | |
|---|---|---|---|---|
| audiō | audīvī | audītum | audīre | hören, zuhören, anhören |

Ebenso bilden die meisten Verben der ī-Konjugation die Perfektformen.

| | | | | |
|---|---|---|---|---|
| sepeliō | sepelīvī | sepultum | sepelīre | begraben, bestatten |

### Konsonantische Konjugation

| | | | | |
|---|---|---|---|---|
| co\|gnōscō | cognōvī | cógnitum | cognōscere | erkennen, bemerken; kennen lernen |
| petō | petīvī | petītum | petere | aufsuchen; angreifen, haben wollen; verlangen, bitten |
| ré\|petō | repetīvī | repetītum | repetere | zurückverlangen; wiederholen |
| quaerō | quaesīvī | quaesītum | quaerere | suchen, erwerben; (*ex/ab aliquō:*) (*jmdn.*) fragen |
| con\|quīrō | conquīsīvī | conquīsītum | conquīrere | zusammensuchen, aufspüren |
| ex\|quīrō | exquīsīvī | exquīsītum | exquīrere | untersuchen; herausfinden |
| in\|quīrō | inquīsīvī | inquīsītum | inquīrere | untersuchen, nachforschen |
| sinō | sīvī | situm | sinere | lassen, zulassen |
| dé\|sinō | dēsiī | dēsitum | dēsinere | ablassen, aufhören |

### ĭ-Konjugation

| | | | | |
|---|---|---|---|---|
| cupiō | cupīvī | cupītum | cupere | begehren, verlangen, wünschen |

## 2 Perfekt-Bildung mit -u-

### ē-Konjugation

| | | | | |
|---|---|---|---|---|
| moneō | monuī | monitum | monēre | mahnen, auffordern; erinnern; warnen |

Ebenso bilden die meisten Verben der ē-Konjugation die Perfektformen.

| | | | | |
|---|---|---|---|---|
| doceō | docuī | doctum | docēre | lehren, unterrichten, erklären |
| teneō | tenuī | – | tenēre | halten, festhalten |
| attineō | attinuī | attentum | attinēre | aufhalten, festhalten; sich erstrecken |
| con\|tineō | continuī | – | continēre | zusammenhalten, festhalten; enthalten |

### ī-Konjugation

| | | | | |
|---|---|---|---|---|
| aperiō | aperuī | apertum | aperīre | öffnen, aufdecken |

## Konsonantische Konjugation

| | | | | |
|---|---|---|---|---|
| colō | coluī | cultum | colere | bebauen; bewohnen; pflegen, verehren |
| íncolō | incoluī | incultum | incolere | wohnen, bewohnen |
| pōnō | posuī | positum | pōnere | stellen, setzen, legen |
| antepōnō | anteposuī | antepositum | antepōnere | voranstellen; vorziehen |
| dēpōnō | dēposuī | dēpositum | dēpōnere | ablegen, niederlegen; aufgeben |
| dis\|pōnō | disposuī | dispositum | dispōnere | verteilen, aufstellen, ordnen |
| im\|pōnō | imposuī | impositum | impōnere | hineinsetzen, -legen; auferlegen |
| prō\|pōnō | prōposuī | prōpositum | prōpōnere | vorlegen, vorschlagen, in Aussicht stellen; voranstellen |
| repōnō | reposuī | repositum | repōnere | zurücklegen, (wieder) hinlegen |
| dís\|serō | disseruī | dissertum | disserere | erörtern, sprechen *(über)* |
| cón\|sulō | cōnsuluī | cōnsultum | cōnsulere | (*m. Akk.*:) um Rat fragen; beratschlagen (*mit*); (*m. Dat.*:) sorgen *(für)* |

## ĭ-Konjugation

| | | | | |
|---|---|---|---|---|
| rapiō | rapuī | raptum | rapere | rauben, fortreißen |

# 3 Perfekt-Bildung mit -s-

## ē-Konjugation

| | | | | |
|---|---|---|---|---|
| augeō | auxī | auctum | augēre | vergrößern, vermehren, fördern |
| iubeō | iussī | iussum | iubēre (*m. Akk.*) | beauftragen, befehlen |
| lūceō | lūxī | – | lūcēre | leuchten, strahlen |
| maneō | mānsī | – | manēre | bleiben, warten (*auf*), erwarten |
| rīdeō | rīsī | rīsum | rīdēre | lachen, auslachen |

## ī-Konjugation

| | | | | |
|---|---|---|---|---|
| vinciō | vīnxī | vīnctum | vincīre | binden, fesseln |

## Konsonantische Konjugation

| | | | | |
|---|---|---|---|---|
| cēdō | cessī | – | cēdere | (weg)gehen; nachgeben; Platz machen |
| con\|cēdō | concessī | concessum | concēdere | zugestehen, einräumen; erlauben |
| excēdō | excessī | excessum | excēdere | heraus-, hinausgehen; weggehen |
| recēdō | recessī | recessum | recēdere | zurückweichen, sich zurückziehen |
| claudō | clausī | clausum | claudere | schließen, absperren |
| dīcō | dīxī | dictum | dīcere | sagen, reden, nennen, benennen |
| ē\|dīcō | ēdīxī | ēdictum | ēdīcere | bekannt machen, verkünden, anordnen |
| dūcō | dūxī | ductum | dūcere | führen, ziehen; halten für; (*uxōrem*) heiraten |
| ad\|dūcō | addūxī | adductum | addūcere | heranführen; veranlassen |
| fīgō | fīxī | fīxum | fīgere | heften, befestigen |
| flectō | flexī | flexum | flectere | biegen, beugen, wenden |
| gerō | gessī | gestum | gerere | tragen; ausführen, vollziehen |
| con\|iungō | coniūnxī | coniūnctum | coniungere | verbinden, anschließen |
| laedō | laesī | laesum | laedere | verletzen, stoßen |
| dī\|ligō | dīlēxī | dīlēctum | dīligere | lieben, schätzen |
| intél\|legō | intellēxī | intellēctum | intellegere | erkennen, einsehen, verstehen |
| nég\|legō | neglēxī | neglēctum | neglegere | sich (*um etw.*) nicht kümmern, gering schätzen, übersehen |
| lūdō | lūsī | lūsum | lūdere | spielen, sich vergnügen |
| mittō | mīsī | missum | mittere | schicken; gehen lassen, entlassen; werfen |
| ā\|mittō | āmīsī | āmissum | āmittere | aufgeben; verlieren |
| com\|mittō | commīsī | commissum | committere | zustande bringen; anvertrauen |
| dī\|mittō | dīmīsī | dīmissum | dīmittere | entlassen, gehen lassen; aufgeben |
| prae\|mittō | praemīsī | praemissum | praemittere | vorausschicken |
| prō\|mittō | prōmīsī | prōmissum | prōmittere | versprechen |
| re\|mittō | remīsī | remissum | remittere | zurückschicken, loslassen; vermindern; nachlassen |
| pingō | pīnxī | pictum | pingere | zeichnen, malen, bemalen |
| plaudō | plausī | plausum | plaudere | Beifall klatschen |
| óp\|primō | oppressī | oppressum | opprimere | unterdrücken; überfallen, überwältigen |

| | | | | |
|---|---|---|---|---|
| regō | rēxī | rēctum | regere | lenken, leiten, beherrschen |
| cór\|rigō | corrēxī | corrēctum | corrigere | berichtigen, verbessern |
| pergō | perrēxī | perrēctum | pergere | weitermachen, fortfahren |
| scrībō | scrīpsī | scrīptum | scrībere | schreiben, verfassen |
| tegō | tēxī | tēctum | tegere | decken, bedecken |
| trahō | trāxī | tractum | trahere | ziehen, schleppen |
| cón\|trahō | contrāxī | contractum | contrahere | zusammenziehen, einengen, sammeln |
| vādō | – | – | vādere | gehen, schreiten |
| ē\|vādō | ēvāsī | – | ēvādere | herausgehen, entkommen |
| in\|vādō | invāsī | invāsum | invādere | eindringen, angreifen; befallen |
| vehō | vēxī | vectum | vehere | tragen, bringen, ziehen |
| vīvō | vīxī | – | vīvere | leben |

**ĭ-Konjugation**

| | | | | |
|---|---|---|---|---|
| a\|spiciō | aspexī | aspectum | aspicere | ansehen, erblicken |
| dē\|spiciō | dēspexī | dēspectum | dēspicere | herabsehen; verachten, gering schätzen |
| re\|spiciō | respexī | respectum | respicere | zurückschauen, berücksichtigen |

## 4 Perfekt-Bildung durch Dehnung

**ā-Konjugation**

| | | | | |
|---|---|---|---|---|
| iuvō | iūvī | iūtum; iuvātūrus | iuvāre (*m. Akk.*) | unterstützen, helfen |

**ē-Konjugation**

| | | | | |
|---|---|---|---|---|
| caveō | cāvī | cautum | cavēre (*m. Akk.*) | sich in Acht nehmen, sich hüten (*vor*) |
| moveō | mōvī | mōtum | movēre | bewegen, erregen; beeinflussen, veranlassen |
| sedeō | sēdī | sessum | sedēre | sitzen |
| pos\|sideō | possēdī | possessum | possidēre | besitzen |
| videō | vīdī | vīsum | vidēre | sehen |

**ī-Konjugation**

| | | | | |
|---|---|---|---|---|
| veniō | vēnī | ventum | venīre | kommen |
| ad\|veniō | advēnī | adventum | advenīre | ankommen, herankommen |
| con\|veniō | convēnī | conventum | convenīre | zusammenkommen, -passen; sich einigen; zustande kommen; sich ereignen; (*m. Akk.:*) (*jmdn.*) treffen |
| é\|venit | ēvēnit | ēventum | ēvenīre | sich ereignen, geschehen; eintreten, in Erfüllung gehen |
| in\|veniō | invēnī | inventum | invenīre | finden, erfinden |

**Konsonantische Konjugation**

| | | | | |
|---|---|---|---|---|
| agō | ēgī | āctum | agere | treiben, betreiben; handeln, verhandeln |
| cōgō | coēgī | coāctum | cōgere | sammeln; zwingen |
| pér\|agō | perēgī | perāctum | peragere | durchführen; verbringen |
| frangō | frēgī | frāctum | frangere | brechen, verletzen, schwächen |
| legō | lēgī | lēctum | legere | lesen; sammeln |
| re\|linquō | relīquī | relictum | relinquere | zurücklassen, hinterlassen, verlassen |
| vincō | vīcī | victum | vincere | siegen, besiegen |

**ĭ-Konjugation**

| | | | | |
|---|---|---|---|---|
| capiō | cēpī | captum | capere | fassen, ergreifen; erobern |
| ac\|cipiō | accēpī | acceptum | accipere | annehmen, empfangen; erfahren |
| in\|cipiō | coepī | coeptum | incipere | anfangen, beginnen |
| prae\|cipiō | praecēpī | praeceptum | praecipere | vorwegnehmen; vorschreiben, anordnen |
| faciō | fēcī | factum | facere | tun, machen, herstellen |
| af\|ficiō | affēcī | affectum | afficere (*m. Abl.*) | versehen (*mit*), ausstatten (*mit*); (*m. Akk. und Abl.:*) (*jmdm. etw.*) zufügen |
| ef\|ficiō | effēcī | effectum | efficere | bewirken, durchsetzen |
| inter\|ficiō | interfēcī | interfectum | interficere | töten |
| fugiō | fūgī | – | fugere | fliehen, meiden |
| iaciō | iēcī | iactum | iacere | werfen, schleudern |
| prō\|iciō | prōiēcī | prōiectum | prōicere | hinwerfen, preisgeben |

## 5 Perfekt-Bildung mit Reduplikation

### ā-Konjugation

| | | | | |
|---|---|---|---|---|
| dō | dedī | datum | dare | geben |
| circúm\|dō | circúmdedī | circúmdatum | circúmdare | umgeben, umzingeln |
| stō | stetī | – | stāre | stehen |
| cōn\|stat | cōnstitit | – | – | es ist bekannt, es steht fest; (*m. AcI:*) bekanntlich |

### ē-Konjugation

| | | | | |
|---|---|---|---|---|
| re\|spondeō | respondī | respōnsum | respondēre | antworten, erwidern |

### ī-Konjugation

| | | | | |
|---|---|---|---|---|
| re\|periō | répperī | repertum | reperīre | wieder finden, finden |

### Konsonantische Konjugation

| | | | | |
|---|---|---|---|---|
| cadō | cécidī | – | cadere | fallen |
| caedō | cecīdī | caesum | caedere | fällen, niederhauen; schlagen, zusammenhauen |
| oc\|cīdō | occīdī | occīsum | occīdere | niederschlagen, töten |
| crēdō | crḗdidī | crḗditum | crēdere | glauben; anvertrauen |
| currō | cucurrī | cursum | currere | laufen, rennen |
| con\|dō | cóndidī | cónditum | condere | gründen; aufbewahren; bestatten |
| ē\|dō | ḗdidī | ḗditum | ēdere | herausgeben, verbreiten, hervorbringen |
| per\|dō | pérdidī | pérditum | perdere | vernichten; verlieren |
| prō\|dō | prṓdidī | prṓditum | prōdere | preisgeben, verraten; überliefern |
| red\|dō | réddidī | rédditum | reddere | zurückgeben; machen (*zu*) |
| trā\|dō | trā́didī | trā́ditum | trādere | übergeben, überliefern |
| parcō | pepercī | – | parcere (*m. Dat.*) | (*jmdn.*) schonen; (*an/mit etw.*) sparen |
| pellō | pepulī | pulsum | pellere | treiben, schlagen; vertreiben |
| cōn\|sistō | cṓnstitī | – | cōnsistere | sich hinstellen; bestehen (*aus*) |
| existō | éxstitī | – | exsistere | hervortreten, auftreten, entstehen |
| re\|sistō | réstitī | – | resistere | Widerstand leisten |
| con\|tendō | contendī | contentum | contendere | („sich anstrengen":); eilen; kämpfen; behaupten, darauf bestehen |
| intendō | intendī | intentum | intendere | anspannen; anstrengen; beabsichtigen |
| os\|tendō | ostendī | ostentum | ostendere | zeigen, in Aussicht stellen |

## 6 Perfekt-Bildung ohne Veränderung des Präsens-Stammes

### Konsonantische Konjugation

| | | | | |
|---|---|---|---|---|
| arguō | arguī | argūtum | arguere | darlegen; (*m. Gen.:*) (*wegen etw.*) beschuldigen |
| dē\|fendō | dēfendī | dēfēnsum | dēfendere | verteidigen, abwehren |
| minuō | minuī | minūtum | minuere | verringern, vermindern |
| com\|prehendō | comprehendī | comprehēnsum | comprehendere | ergreifen, fassen, erfassen; begreifen |
| re\|prehendō | reprehendī | reprehēnsum | reprehendere | tadeln |
| dē\|scendō | dēscendī | dēscēnsum | dēscendere | herabsteigen, herabkommen |
| solvō | solvī | solūtum | solvere | lösen; befreien; zahlen |
| ab\|solvō | absolvī | absolūtum | absolvere | loslösen; freisprechen; vollenden |
| statuō | statuī | statūtum | statuere | aufstellen; festsetzen, beschließen |
| cōn\|stituō | cōnstituī | cōnstitūtum | cōnstituere | festsetzen, beschließen |
| īn\|stituō | īnstituī | īnstitūtum | īnstituere | einrichten, beginnen; beabsichtigen; unterrichten |
| tribuō | tribuī | tribūtum | tribuere | zuteilen, zuweisen; erweisen |
| dis\|tribuō | distribuī | distribūtum | distribuere | verteilen, einteilen |
| vertō | vertī | versum | vertere | wenden, drehen, kehren |
| volvō | volvī | volūtum | volvere | wälzen, rollen |

## 7 Perfekt-Bildung mit verschiedenen Stämmen

| | | | | |
|---|---|---|---|---|
| tollō | sústulī | sublātum | tollere | heben; aufheben, beseitigen, beenden |

# DEPONENS

## KONJUGATIONEN

### Präsens-Stamm

# VIII$_1$

| | | ā-<br>Konjugation | ē-<br>Konjugation | ī-Konjugation<br>(langvokalisch) | ĭ-Konjugation<br>(kurzvokalisch) | Konsonantische<br>Konjugation |
|---|---|---|---|---|---|---|
| | Infinitiv | | | | | |
| | | *ermahnen*<br>hortā-rī | *fürchten*<br>verē-rī | *sich bemächtigen*<br>potī-rī | *sterben*<br>morī | *folgen*<br>sequ-ī |
| **Präsens** | Indikativ | | | | | |
| **Präsens** | *ich er-<br>mahne, …* | hortor<br>hortā-ris<br>hortā-tur<br>hortā-mur<br>hortā-minī<br>horta-ntur | vere-or<br>verē-ris<br>verē-tur<br>verē-mur<br>verē-minī<br>vere-ntur | poti-or<br>potī-ris<br>potī-tur<br>potī-mur<br>potī-minī<br>poti-*u*ntur | mori-or<br>móre-ris<br>móri-tur<br>móri-mur<br>morí-minī<br>mori-*u*ntur | sequ-or<br>séqu-*e*ris<br>séqu-*i*tur<br>séqu-*i*mur<br>sequ-*í*minī<br>sequ-*u*ntur |
| **Präsens** | Konjunktiv | | | | | |
| **Präsens** | | hort-**er**<br>hort-**ēris**<br>*usw.*<br>↗ *Tab. VI*$_{1.2}$<br>am-**er** | vere-**ar**<br>vere-**āris**<br>*usw.*<br>↗ *Tab. VI*$_{1.2}$<br>mone-**ar** | poti-**ar**<br>poti-**āris**<br>*usw.*<br>↗ *Tab. VI*$_{1.2}$<br>vinci-**ar** | mori-**ar**<br>mori-**āris**<br>*usw.*<br>↗ *Tab. VI*$_{1.2}$<br>capi-**ar** | sequ-**ar**<br>sequ-**āris**<br>*usw.*<br>↗ *Tab. VI*$_{1.2}$<br>pell-**ar** |
| **Imperfekt** | Indikativ | | | | | |
| **Imperfekt** | *ich er-<br>mahnte, …* | hortā-**bar**<br>hortā-**bāris**<br>*usw.*<br>↗ *Tab. VI*$_{1.2}$<br>amā-**bar** | verē-**bar**<br>verē-**bāris**<br>*usw.*<br>↗ *Tab. VI*$_{1.2}$<br>monē-**bar** | poti-*ē***bar**<br>poti-*ē***bāris**<br>*usw.*<br>↗ *Tab. VI*$_{1.2}$<br>vinci-ē**bar** | mori-*ē***bar**<br>mori-*ē***bāris**<br>*usw.*<br>↗ *Tab. VI*$_{1.2}$<br>capi-ē**bar** | sequ-*ē***bar**<br>sequ-*ē***bāris**<br>*usw.*<br>↗ *Tab. VI*$_{1.2}$<br>pell-ē**bar** |
| **Imperfekt** | Konjunktiv | | | | | |
| **Imperfekt** | | hortā-**rer**<br>hortā-**rēris**<br>*usw.*<br>↗ *Tab. VI*$_{1.2}$<br>amā-**rer** | verē-**rer**<br>verē-**rēris**<br>*usw.*<br>↗ *Tab. VI*$_{1.2}$<br>monē-**rer** | potī-**rer**<br>potī-**rēris**<br>*usw.*<br>↗ *Tab. VI*$_{1.2}$<br>vincī-**rer** | móre-**rer**<br>more-**rēris**<br>*usw.*<br>↗ *Tab. VI*$_{1.2}$<br>cápe-**rer** | séqu-*e***rer**<br>sequ-*e***rēris**<br>*usw.*<br>↗ *Tab. VI*$_{1.2}$<br>péll-*e***rer** |
| **Futur I** | Indikativ | | | | | |
| **Futur I** | *ich werde<br>ermahnen,<br>…* | hortā-**bor**<br>hortā-**beris**<br>*usw.*<br>↗ *Tab. VI*$_{1.2}$<br>amā-**bor** | verē-**bor**<br>verē-**beris**<br>*usw.*<br>↗ *Tab. VI*$_{1.2}$<br>monē-**bor** | poti-**ar**<br>poti-**ēris**<br>*usw.*<br>↗ *Tab. VI*$_{1.2}$<br>vinci-**ar** | mori-**ar**<br>mori-**ēris**<br>*usw.*<br>↗ *Tab. VI*$_{1.2}$<br>capi-**ar** | sequ-**ar**<br>sequ-**ēris**<br>*usw.*<br>↗ *Tab. VI*$_{1.2}$<br>pell-**ar** |
| | Imperativ | | | | | |
| | *ermahne!<br>ermahnt!* | hortā-re!<br>hortā-minī! | verē-re!<br>verē-minī! | potī-re!<br>potī-minī! | móre-re!<br>mori-minī! | séqu-*e*re!<br>sequ-*i*minī! |

# DEPONENS

## KONJUGATIONEN

### Partizip-Perfekt-Stamm der Deponention

# VIII$_2$

| | Indikativ | | | | Komjunktiv | |
|---|---|---|---|---|---|---|
| | **Perfekt** | | **Plusquam-perfekt** | **Futur II** | **Perfekt** | **Plusquam-perfekt** |
| *ich habe ermahnt/ ermahnte, …* | hortātus/ -a<br>véritus/ -a<br>potītus/ -a<br>mórtuus/ -a<br>secūtus/ -a/ -um | sum<br>es<br>est | eram<br>erās<br>erat | erō<br>eris<br>erit | sim<br>sīs<br>sit | essem<br>essēs<br>esset |
| | hortātī/ -ae<br>véritī/ -ae<br>potītī/ -ae<br>mórtuī/ -ae<br>secūtī/ -ae/ -a | sumus<br>estis<br>sunt | erāmus<br>erātis<br>erant | erimus<br>eritis<br>erunt | sīmus<br>sītis<br>sint | essēmus<br>essētis<br>essent |

# DEPONENS

### Nominalformen

# VIII$_3$

| **Infinitiv** | | | | | |
|---|---|---|---|---|---|
| Präsens | hortā-rī | verē-rī | potī-rī | morī | sequī |
| Perfekt | hortāt-um / -am esse | vérit-um / -am esse | potīt-um / -am esse | mortu-um / -am esse | secūt-um / -am esse |
| Futur | hortāt-ūrum / -am esse | verit-ūrum / -am esse | potīt-ūrum / -am esse | morit-ūrum / -am esse | secūt-ūrum / -am esse |
| **Partizip** | | | | | |
| Präsens | hortā-ns / -ntis | verē-ns / -ntis | poti-ēns / -ntis | mori-ēns / -ntis | sequ-ēns / -ntis |
| Perfekt | hortāt-us / -a / -um | vérit-us / -a / -um | potīt-us / -a / -um | mortu-us / -a / -um | secūt-us / -a / -um |
| Futur | hortāt-ūrus / -a / -um | verit-ūrus / -a / -um | potīt-ūrus / -a / -um | morit-ūrus / -a / -um | secūt-ūrus / -a / -um |
| **Gerundium** | | | | | |
| | horta-ndī *usw.* | vere-ndī *usw.* | poti-endī *usw.* | mori-endī *usw.* | sequ-endī *usw.* |
| **Gerundivum** | | | | | |
| | horta-ndus / -a / -um | vere-ndus / -a / -um | poti-endus / -a / -um | mori-endus / -a / -um | sequ-endus / -a / -um |

# DEPONENTIEN

## Stammformen

# IX

**ā-Konjugation**

| | | | |
|---|---|---|---|
| arbitror | arbitrātus sum | arbitrārī | meinen, glauben |

Ebenso bilden die anderen Deponentien der ā-Konjugation das Perfekt.

**ē-Konjugation**

| | | | |
|---|---|---|---|
| fateor | fassus sum | fatērī | gestehen, bekennen |
| cōn\|fiteor | cōnfessus sum | cōnfitērī | gestehen, bekennen |
| tueor | – | tuērī | betrachten; (be-)schützen |
| vereor | veritus sum | verērī | sich scheuen, fürchten; verehren |
| videor | vīsus sum | vidērī | scheinen, gelten (*als*) |

**ī-Konjugation**

| | | | |
|---|---|---|---|
| mentior | mentītus sum | mentīrī | lügen |
| potior | potītus sum | potīrī *(m. Abl. oder Gen.)* | sich bemächtigen, in seine Gewalt bekommen |

**Konsonantische Konjugation**

| | | | |
|---|---|---|---|
| pro\|ficīscor | profectus sum | proficīscī | aufbrechen, abreisen, reisen |
| īrāscor | – | īrāscī | zornig werden, zornig sein |
| loquor | locūtus sum | loquī | sprechen, reden |
| col\|loquor | collocūtus sum | colloquī | sich unterhalten |
| sequor | secūtus sum | sequī *(m. Akk.)* | folgen, befolgen |
| ūtor | ūsus sum | ūtī *(m. Abl.)* | *(etw.)* benützen, gebrauchen |
| vehor | vectus sum | vehī | fahren, reiten |

**ĭ-Konjugation**

| | | | | |
|---|---|---|---|---|
| re\|gredior | regressus sum | | régredī | zurückgehen |
| morior | mortuus sum | moritūrus *(Part. Fut. Akt.)* | morī | sterben |

# SEMIDEPONENTIEN[1]

**ē-Konjugation**

| | | | |
|---|---|---|---|
| audeō | ausus sum | audēre | wagen |
| gaudeō | gāvīsus sum | gaudēre | sich freuen |
| soleō | sólitus sum | solēre | gewohnt sein, pflegen |

1) Semideponentien sind „Halbdeponentien“ (semi- = halb; vgl. Semifinale/Halbfinale).

# UNREGELMÄSSIGE VERBEN

# X1.1

| | ESSE | | | POSSE | | | IRE | | |
|---|---|---|---|---|---|---|---|---|---|
| | **Präsens** | **Imperfekt** | **FuturI** | **Präsens** | **Imperfekt** | **FuturI** | **Präsens** | **Imperfekt** | **FuturI** |
| **Indikativ** | **s**-*u*m | ér-**am** | ér-ō | pos-sum | pót-eram | pót-erō | **e**-ō | ī-**bam** | ī-bō |
| | es | ér-**ās** | ér-*is* | pot-es | pót-erās | pót-eris | ī-s | ī-**bās** | ī-b*is* |
| | es-t | ér-**at** | ér-*it* | pot-est | pót-erat | pót-erit | i-t | ī-**bat** | ī-b*it* |
| | **s**-*u*mus | er-**ā́mus** | ér-*imus* | pos-sumus | pot-erā́mus | pot-érimus | ī-mus | ī-**bā́mus** | ī-b*imus* |
| | es-tis | er-**ā́tis** | ér-*itis* | pot-estis | pot-erā́tis | pot-éritis | ī-tis | ī-**bā́tis** | ī-b*itis* |
| | **s**-*u*nt | ér-**ant** | ér-*unt* | pos-sunt | pót-erant | pót-erunt | **e**-*u*nt | ī-**bant** | ī-b*unt* |
| **Konjunktiv** | s-**im** | és-**sem** | **Imperativ** | pos-**sim** | pos-**sem** | | **e**-**am** | ī-**rem** | **Imperativ** |
| | s-**īs** | és-**sēs** | | pos-**sīs** | pos-**sēs** | | **e**-**ās** | ī-**rēs** | |
| | s-**it** | és-**set** | es! | pos-**sit** | pos-**set** | | **e**-**at** | ī-**ret** | ī! |
| | s-**īmus** | es-**sḗmus** | es-**te!** | pos-**sī́mus** | pos-**sḗmus** | | **e**-**ā́mus** | ī-**rḗmus** | ī-**te!** |
| | s-**ītis** | es-**sḗtis** | | pos-**sī́tis** | pos-**sḗtis** | | **e**-**ā́tis** | ī-**rḗtis** | |
| | s-**int** | és-**sent** | **Part. Fut.** | pos-**sint** | pos-**sent** | | **e**-**ant** | ī-**rent** | **Part. Fut. A.** |
| | | | futūrus/ -a/ -um | | | | **Part. Präs.** | **Gd.** e-*u*ndī | itūrus/ -a/-um |
| | | | | | | | i-**ēns**, e-*u*ntis | **Gdv.** e-*u*ndus/ -a/-um | |

**Perfekt**

**fu-ī**

**Perfekt**

**potu-ī**

**Perfekt**

**i-ī**
**ī-stī/i-stis**
**īsse**

# X1.2

| | VELLE | | | NOLLE | | |
|---|---|---|---|---|---|---|
| | **Präsens** | **Imperfekt** | **FuturI** | **Präsens** | **Imperfekt** | **FuturI** |
| **Indikativ** | vol-ō | vol-ē**bam** | vol-**am** | nōl-ō | nōl-ē**bam** | nōl-**am** |
| | vī-s | vol-ē**bās** | vol-**ēs** | nōn **vīs** | nōl-ē**bās** | nōl-**ēs** |
| | vul-t | vol-ē**bat** | vol-et | nōn **vult** | nōl-ē**bat** | nōl-**et** |
| | vól-*umus* | *usw.* | *usw.* | nōl-*umus* | *usw.* | *usw.* |
| | vul-tis | | | nōn **vultis** | | |
| | vol-*unt* | | | nōl- *unt* | | |
| **Konjunktiv** | vel-**im** | vel-**lem** | | nōl-**im** | nōl-**lem** | **Imperativ** |
| | vel-**īs** | vel-**lēs** | | nōl-**īs** | nōl-**lēs** | nōl-**ī**! |
| | vel-**it** | vel-**let** | | nōl-**it** | nōl-**let** | |
| | vel-**īmus** | *usw.* | | nōl-**īmus** | *usw.* | nōlī-**te**! |
| | vel-**ītis** | | | nōl-**ītis** | | |
| | vel-**int** | | | nōl-**int** | | |
| | **Partizip Präsens** | **Perfekt** | | **Partizip Präsens** | **Perfekt** | |
| | vol-**ēns**, vol-**entis** | **volu**-ī | | nōl-**ēns**, nōl-**entis** | **nōlu**-ī | |

## ESSE UND KOMPOSITA **X₂**

| | | | | |
|---|---|---|---|---|
| sum | **fuī** | **fu**tūrus | esse | sein |
| ab\|sum | ā**fuī** | (ā**fu**tūrus) | abesse | abwesend sein, entfernt sein, fehlen |
| ad\|sum | af**fuī** | (af**fu**tūrus) | adesse | anwesend sein; *(m. Dat.:)* beistehen |
| inter\|sum | inter**fuī** | – | interesse | dazwischen sein, *(m. Dat.:)* teilnehmen *(an)* |
| prae\|sum | prae**fuī** | (prae**fu**tūrus) | praeesse *(m. Dat.)* | an der Spitze *(von etw.)* stehen; *(etw.)* leiten |
| prō\|sum | prō**fuī** | (prō**fu**tūrus) | prō**d**esse | nützen, nützlich sein |

## IRE UND KOMPOSITA **X₃**

| | | | | |
|---|---|---|---|---|
| eō | iī | itum | īre | gehen |
| ab\|eō | abiī | abitum | abīre | weggehen, abtreten |
| ad\|eō | adiī | aditum | adīre | herangehen, aufsuchen; angreifen |
| ex\|eō | exiī | exitum | exīre | hinausgehen, ausrücken |
| per\|eō | periī | peritum | perīre | zugrunde gehen, umkommen |
| red\|eō | rediī | reditum | redīre | zurückgehen, zurückkehren |

## UNREGELMÄSSIGE VERBEN **X₄**

| AKTIV | FERRE | | | | PASSIV | FERRI | |
|---|---|---|---|---|---|---|---|
| | **Präsens** | **Imperfekt** | **FuturI** | **Imperativ** | **Präsens** | **Imperfekt** | **FuturI** |
| **Indikativ** | fer-ō<br>fer-s<br>fer-t<br><br>fér-*i*mus<br>fer-tis<br>fer-*u*nt | fer-ē**bam**<br>fer-ē**bās**<br>fer-ē**bat**<br><br>fer-ē**bā**mus<br>fer-ē**bā**tis<br>fer-ē**bant** | fer-**am**<br>fer-**ēs**<br>fer-**et**<br><br>fer-**ē**mus<br>fer-**ē**tis<br>fer-**ent** | <br>fer!<br><br><br><br>fer-**te**! | fer-or<br>fer-ris<br>fer-tur<br><br>fér-*i*mur<br>fer-*i*minī<br>fer-*u*ntur | fer-ē**bar**<br>fer-ē**bā**ris<br>fer-ē**bā**tur<br><br>fer-ē**bā**mur<br>fer-ē**bā**minī<br>fer-ē**ban**tur | fer-**ar**<br>fer-**ē**ris<br>fer-**ē**tur<br><br>fer-**ē**mur<br>fer-**ē**minī<br>fer-**en**tur |
| **Kon-junktiv** | fer-**am**<br>fer-**ās**<br>fer-**at**<br><br>fer-**ā**mus<br>fer-**ā**tis<br>fer-**ant** | fer-**rem**<br>fer-**rēs**<br>fer-**ret**<br><br>fer-**rē**mus<br>fer-**rē**tis<br>fer-**rent** | | | fer-**ar**<br>fer-**ā**ris<br>fer-**ā**tur<br><br>fer-**ā**mur<br>fer-**ā**minī<br>fer-**an**tur | fer-**rer**<br>fer-**rē**ris<br>fer-**rē**tur<br><br>fer-**rē**mur<br>fer-**rē**minī<br>fer-**ren**tur | |

**Perfekt**

**tul-ī**
**tul-istī**
**tulisse**

**lāt-us/ -a/ (-um) sum**

## FERRE – NOMINALFORMEN

**X$_5$**

| **Infinitiv** | AKTIV | PASSIV | **Partizip** | AKTIV | PASSIV |
|---|---|---|---|---|---|
| Präsens<br>Perfekt<br>Futur | fer-re<br>tul-isse<br>lāt-ūrum/ -am/ -um esse | fer-rī<br>lāt-um/ -am/ -um esse<br>– | Präsens<br>Perfekt<br>Futur | fer-*ē*ns, -ntis<br>–<br>lāt-ūrus/ -a/ -um | –<br>lāt-us/ -a/ -um<br>– |
| **Gerundium** | fer-*e*ndī *usw.* | – | **Gerundivum** | – | fer-*e*ndus/ -a/ -um |

## FERRE UND KOMPOSITA

**X$_6$**

| | | | | |
|---|---|---|---|---|
| ferō | tulī | lātum | ferre | tragen, bringen; ertragen; berichten |
| aú\|ferō | abstulī | ablātum | auferre | wegtragen, wegbringen; rauben |
| cṓn\|ferō | contulī | collātum | cōnferre | zusammentragen, -bringen; vergleichen |
| dḗ\|ferō | dētulī | dēlātum | dēferre | überbringen; melden, anzeigen |
| díf\|ferō | distulī | dīlātum | differre | aufschieben; sich unterscheiden |
| ín\|ferō | intulī | illātum | īnferre | hineintragen; zufügen; vorbringen |
| praé\|ferō | praetulī | praelātum | praeferre | vorantragen; zeigen; vorziehen |
| prṓ\|ferō | prōtulī | prōlātum | prōferre | hervorbringen, (vor)zeigen |

## UNREGELMÄSSIGE VERBEN

**X$_7$**

| | FIERI | | |
|---|---|---|---|
| | **Präsens** | **Imperfekt** | **Futur I** |
| **Indikativ** | fi-ō<br>fī-s<br>fi-t<br><br>fī-mus<br>fī-tis<br>fi-*u*nt | fī-ē**bam**<br>fī-ē**bās**<br>fī-ē**bat**<br><br>fī-ē**bā**mus<br>fī-ē**bā**tis<br>fī-ē**bant** | fī-**am**<br>fī-**ēs**<br>fī-**et**<br><br>fī-**ē**mus<br>fī-**ē**tis<br>fī-**ent** |
| **Konjunktiv** | fī-**am**<br>fī-**ās**<br>fī-**at**<br><br>fī-**ā**mus<br>fī-**ā**tis<br>fī-**ant** | fi-*e***rem**<br>fi-*e***rēs**<br>fi-*e***ret**<br><br>fi-*e***rē**mus<br>fi-*e***rē**tis<br>fi-*e***rent** | |

## FIERI – NOMINALFORMEN

**X$_8$**

| | **Infinitiv** | **Partizip** |
|---|---|---|
| **Präsens**<br>**Perfekt**<br>**Futur** | fierī<br>fact-um/ -am/ -um esse<br>fore; fut-ūrum/ -am/ -um esse | –<br>fact-us/ -a/ -um<br>fut-ūrus/ -a/ -um |

## VERBA DEFECTIVA (ANOMALA)

**X₉**

Bei den Verba defectiva ist nur ein Teil der bildbaren Verbformen gebräuchlich.

1. Nur im Perfekt-Stamm wird z.B. verwendet:

| | | |
|---|---|---|
| ōdī | ōdisse | hassen |

2. Nur in wenigen Formen kommen vor:

| Präsens | | Perfekt | |
|---|---|---|---|
| āiō; ait; āiunt | ich sage; er/sie/es sagt; sie sagen | ait | er/sie/es sagte |
| inquam; inquit | sage ich; sagt er/sie/es | inquam; inquit | sagte ich; sagte er/sie/es |

3. Grußformeln:

| | | | | | |
|---|---|---|---|---|---|
| Salvē! | Sei gegrüßt! | Avē! | Sei gegrüßt! | Valē! | Lebe wohl! |
| Salvēte! | Seid gegrüßt! | Avēte! | Seid gegrüßt! | Valēte! | Lebt wohl! |

## PRÄPOSITIONEN

**XI**

| Präposition | örtlich | zeitlich | übertragen |
|---|---|---|---|
| **1. Präpositionen mit Akkusativ** | | | |
| **ad** | zu, an, bei; zu … hin | bis zu | zu |
| **ante** | vor | vor | – |
| **apud** | bei, in der Nähe (von) | – | – |
| **circā/circum** | um … herum, ringsum | – | – |
| **extrā** | außerhalb | – | – |
| **inter** | zwischen, unter | während | – |
| **ob** | – | – | wegen |
| **per** | durch (… hindurch), über … hin; überall in/auf | durch … hindurch | durch |
| **post** | nach, hinter | nach | nach |
| **propter** | – | – | wegen |
| **trāns** | über (… hinüber) | – | – |
| **2. Präpositionen mit Ablativ** | | | |
| **ā/ab** | von … her | seit | von (→ *Passiv*) |
| **dē** | von … herab | – | von, über |
| **ē/ex** | aus, von … aus | von … an | – |
| **sine** | – | – | ohne |
| **prō** | vor | – | für, anstelle von |
| **cum** | mit | – | (zusammen) mit |
| **sub** | unter *(Frage: wo?)* | – | – |
| **3. Präpositionen mit Akkusativ oder Ablativ** | | | |
| **in** *(m. Akk.)* | in (… hinein), nach, auf *(Frage: wohin?)* | | gegen |
| **in** *(m. Abl.)* | in, an, auf *(Frage: wo?)* | | – |

# SYNTAKTISCHE FUNKTIONEN UND FÜLLUNGSARTEN XII

Die einzelnen syntaktischen Erscheinungen erfüllen im Satz verschiedene **Funktionen;** sie können also im Baugerüst des Satzes verschiedene Positionen einnehmen.
Umgekehrt lässt sich sagen: Die einzelnen Positionen des Satzes können von verschiedenartigen syntaktischen Erscheinungen **„gefüllt"** sein (**Füllungsarten**).
Nachfolgend werden alle wichtigen syntaktischen Erscheinungen der lateinischen Sprache im Schema des **Satzmodells** übersichtich zusammengestellt.

**SUBJEKT**

im Prädikat enthalten

Substantiv, Pronomen, substantiviertes Adjektiv Partizip } im **Nominativ**

**Subjektsinfinitiv**
**AcI/NcI** als Subjekt

**Gliedsatz**
– abhängiger Begehr-, abhängiger Fragesatz
– Relativsatz
– Erläuterungssarz

**PRÄDIKAT**

| **Prädikatsnomen** | **Verbum finitum** |
|---|---|
| | **Verb** |
| Adjektiv, Substantiv, Pronomen, Partizip } im **Nominativ** | *esse* als Copula |
| **Gerundivum-N** | |
| **Genitiv** (pretii)<br>**Dativ** (possessoris, finalis)<br>**Ablativ** (qualitatis) | |

**OBJEKT**

**Genitvobjekt**
**Dativobjekt**
**Akkusativobjekt**
**Ablativobjekt**

**Präpositional Objekt**

**Objektivsinfinitiv**

**AcI als Objekt**

**Gliedsatz**
– abhängiger Begehr-, abhängiger Fragesatz
– Relativsatz

**Gerundivum**

**Gerundivum-V (bei Dativ)**

**ADVERBIALE**

**Adverb**

**Genitiv** (criminis, pretii)
**Dativ** (crommodi, finalis, auctoris)
**Akkusativ** (Richtung, zeitl. Dauer)
**Ablativ** (instrumentalis, separativus, punctualis)

**Präpositionale Verbindung**

**Praedicativum** (Adjektiv, Substantiv)

**Participium coniunctum/ Ablativus absolutus**

**Gliedsatz als Adverbiale** (Adverbialsatz)

**Gerundium**
**Gerundivum-V**

**ATTRIBUT**

Nomen: Adjektiv, Pronomen, Numerale, Substantiv im Genitiv/ Ablativ; Substantiv im Nominativ (Apposition); Partizip, Gerundium, Gerundivum-V

**Relativsatz als Attribut (Attributsatz)**

# Sachverzeichnis

Suchhinweis: Die römische Ziffer (I–IV) verweist auf den Block (s. Kopfleiste), der Großbuchstabe (A, B, C) auf den Blockteil (s. Kopfleiste), die arabische Ziffer (1, 2, …) und der Kleinbuchstabe (a, b, …) auf die Untergliederung des Blockteils, z. B.: III B 1.2c = S. 50.